AF559279

Praktischer Journalismus Band 109

Bibliografische Information der Deutschen Nationalbibliothek
Die Deutsche Nationalbibliothek verzeichnet diese Publikation in der Deutschen Nationalbibliografie; detaillierte bibliografische Daten sind im Internet über https://dnb.de abrufbar.

ISSN: 1617-3570
ISBN (Print): 978-3-7445-2088-1
ISBN (PDF): 978-3-7445-2089-8

Alle Rechte, insbesondere das Recht der Vervielfältigung und Verbreitung sowie der Übersetzung, vorbehalten. Kein Teil des Werkes darf in irgendeiner Form (durch Fotokopie, Mikrofilm oder ein anderes Verfahren) ohne schriftliche Genehmigung des Verlages reproduziert oder unter Verwendung elektronischer Systeme (inkl. Online-Netzwerken) gespeichert, verarbeitet, vervielfältigt oder verbreitet werden.

2. Auflage 2013 (erschienen in der Reihe Wegweiser Journalismus)
3. Auflage 2024

© 2024 by Herbert von Halem Verlag, Köln
Umschlaggestaltung und Satz: Bureau Heintz, Stuttgart
Lektorat: Imke Hirschmann
Druck: FINIDR, S.R.O., Tschechische Republik

E-Mail: info@halem-verlag.de
Tel.: 0221 92 58 29 0, Fax: 0221 9258 29 29
www.halem-verlag.de

INTERVIEWS FÜHREN

Christian Thiele

3., völlig überarbeitete Auflage

HERBERT VON HALEM VERLAG | Köln

INHALT

EIN SELBST-INTERVIEW

„Mir macht interviewt werden genauso wenig aus wie Walzer zu tanzen – das heißt, meine Antworten hängen von der Energie und Anmut und Einstellung und Intelligenz des Gegenübers ab. Manche tanzen gut, manche tollpatschig, manche treten dir unabsichtlich auf die Füße – und manche absichtlich ...“

MARGARET ATWOOD (KANADISCHE SCHRIFTSTELLERIN)

Wie war das mit diesem 2:1 in der 90. Minute? Wie steht's um die neuerlichen Personaldebatten in der gegnerischen oder – noch schöner – in der eigenen Partei? Wie war's bei den Dreharbeiten mit Alexandra Maria Lara? Was ist so toll an Ihrer neuen Platte/Ihrem neuen Buch? So vieles zu berichten. So viele Fragen. Keine Zeitung, kein Magazin, kein Webportal kommt heute ohne Interviews aus.

Das Interview, ein Tanz? Eine Täter-Opfer-Situation? Eine therapeutische Sitzung? Ein Flirt? Eine reine Komödie? Eine Performance, damit's auf Google läuft? Ja, was denn nun bitte?
Na ja, stimmt ja alles irgendwie. Ein Interview kann ein Boxkampf sein. Ein Tanz. Ein Flirt. Ein Streit. Eine Art therapeutischer Intervention – nur dass dafür in der Regel keine Krankenkasse bezahlt. Mal muss man streicheln. Mal kratzen. Mal beißen. Mal bellen.

Das sind ja schon sehr unterschiedliche Ansichten, Herangehensweisen, um nicht zu sagen Philosophien des Interviews. Wie soll man die unter einen Hut bringen?
Ach, am besten so, wie sich das Leben überhaupt unter einen Hut bringen lässt: häufig gar nicht, manchmal ein bisschen.

Aber was heißt das denn: Kriege ich nun die Wahrheit von jemandem gesagt, den ich interviewe, oder nicht? Tanzt er mit mir, spielt er mir eine Komödie vor? Oder sagt er mir Dinge, und zwar nur mir, die er noch nie jemandem gesagt hat – nicht mal sich selbst?
Tja, kommt drauf an. Kann alles vorkommen. Manchmal sogar alles in einem Interview, mit einem Interviewpartner.

Das ist Larifari. Anders gefragt: Wozu brauchen wir überhaupt Interviews?
„Brauchen" ist ein großes Wort …

Noch mal anders gefragt: Was macht das Interview so besonders? Ist es überhaupt besonders? Ignacio Ramonet, Chef der Le Monde diplomatique *hat ja mal gesagt …*
… das Interview sei etwas für faule Journalisten, die schnell viele Seiten füllen wollen. Oder so ähnlich. Völliger Bullshit!

Warum? Ein Gespräch ist schnell geführt. Sieht man doch jeden Samstag in der Sportschau. *Zum Beispiel.*
Das sind keine Interviews.

Sondern?
Unterviews.

Was ist ein Unterview?
Ein Mikrofonständer auf zwei Beinen. Ein Reporter, der einer Managerin, einem Künstler, einer Spitzensportlerin als Fan, als Untergebener, als Stichwortgeber gegenübertritt. Im Unterschied zum Interview, wo zwei Menschen auf Augenhöhe miteinander streiten, debattieren, flirten, lästern. Aber es stimmt schon, ein Unterview, ein Irgendwie-Interview ist schnell geführt. So wie eine Irgendwie-Reportage auch schnell geschrieben ist. Wobei die sogar den Vorteil hat, dass man sie nachrecherchieren kann. Jenen nochmal anrufen, dieses nochmal nachlesen: Das geht beim Interview nicht. Da hat man nur den einen Aufschlag. 30 Minuten, 45 Minuten, 90 Minuten oder wie viel, genauer gesagt, wie wenig es auch immer ist. Und es ist immer zu wenig.

Na ja, aber ein bisschen fragen und dann zuhören, das kann ja so schwer nicht sein.
Hallo?! Wer kann schon richtig zuhören? In welcher Familie, in welcher Partnerschaft, in welchem Büro klappt das schon so richtig gut? Und wer ein Interview führt, muss nicht nur zuhören. Sie oder er muss nachhaken, wo nachzuhaken ist. Lange Leine lassen, wo lange Leine

zu lassen ist. Widersprechen, wo zu widersprechen ist. Ein einfühlsames Gesicht machen, wo ein einfühlsames Gesicht zu machen ist.

Klingt kompliziert. Aber woher weiß man das immer? Und wie lernt man das?

Klingt kompliziert, weil: ist kompliziert. Und so richtig wissen tut man es immer erst hinterher, beim Abhören des Mitschnittes. Tja, und lernen? Man kann es schon lernen. Ein bisschen zumindest. Mit diesem Buch. Zum Beispiel.

Das war also die Werbeeinblendung. Können wir jetzt wieder zur Sache kommen?

Gern. Was genau war die Sache?

Das Interview. Was macht das Interview besonders? Was unterscheidet es von anderen Textformen?

Ein großer Unterschied: Es wird unterschätzt. Mehr als andere Textformen.

Unterschätzt? Wieso?

Wieso? Das weiß ich auch nicht.

Inwiefern unterschätzt? Das wollte ich eigentlich fragen.

Praktisch jede Lokalzeitung hat ihre Seite 3 und ihre Seite-3-Chefin. Es gibt Tausende von Journalist*innenpreisen: für den besten Kommentar über die Integration der Balkanstaaten in das Europäische Freihandelsabkommen. Für das beste Feature von strähnchenblondierten Männern unter 35, die in Nordrhein-Westfalen wohnen. Für die beste Reportage über die Zukunft der Zahngesundheit. Aber einen Interviewpreis gibt es in Deutschland nicht. Eine*n Ressortleiter*in Interview – gibt es auch nicht. Dabei werden es immer mehr Interviews, praktisch überall.

Skandal!
Skandal!

Vielleicht liegt es daran, dass das Interview einfach keine große Lobby in Deutschland hat.
Daran wird es wohl liegen. Was müsste denn passieren, damit es eine größere Lobby bekommt? Keine Ahnung. Man müsste irgendwie erklären, dass und warum es so aufwendig ist, gute Interviews zu führen – und dann auch noch durch die Autorisierung zu kriegen. Man müsste erklären, dass Interviews einen Menschen so direkt, so ungefiltert, so live und in Farbe und 3-D zeigen können wie keine andere journalistische Textform. Man müsste erklären, dass Interviews in der Leser*innenforschung zu den beliebtesten Texten überhaupt gehören.

Und wie könnte das gehen?
Zum Beispiel mit diesem Buch.

Das war also die nächste Werbeeinblendung. Können wir das mal bitte lassen?
Können wir.

Was qualifiziert einen eigentlich dafür, ein Interviewbuch zu schreiben?
Erfahrung. Und: Vatersein.

Wieso Vatersein?
Meine kleine Tochter fragt viel, da lernt man viel übers Antworten.

Und inwiefern Erfahrung?
Viele Interviews geführt. Politikerinnen. Fußballer. Fernseh-Ladies. Schriftsteller. Und so weiter.

Das beste?

Bernd Eichinger. Damals im *Playboy*. Weil er so zäh war. Und weil wir trotzdem nicht aufgegeben haben.

Das schlimmste?

Bernd Eichinger. Damals im *Playboy*. Weil er so zäh war, dass wir fast aufgegeben hätten.

Ist das ein Kriterium für ein gutes Interview, nicht aufgeben, auch wenn es zäh wird?

Ja. Ist ein Kriterium. Vielleicht sogar: das einzige Kriterium.

Eine Begegnung

Der Dokumentarfilmer Georg Stefan Troller beschreibt in einem sehr lesenswerten Aufsatz das Interview als „Begegnung zweier Menschen im Wort" (Troller 2008):

„Der eine ist, wenn Sie so wollen, der „Täter", der andere das „Opfer". Aufgabe des Täters ist, seinem Gegenüber möglichst wahre, auch überraschende, verräterische Auskünfte über sich zu entlocken. Anliegen des Opfers wird es zumeist sein, nur solche Geständnisse herzugeben, die es selbst an die Öffentlichkeit tragen möchte. Es findet hier also eine Art Wettkampf oder Wettbewerb statt, unter dem Deckmantel eines vorgetäuschten Spiels. Ein möglicherweise aufregendes, vielleicht auch gefährliches Spiel, ein Spiel am Abgrund manchmal. Das Interview als Herausforderung, als Provokation für beide Teile, darauf wird es im Idealfall hinauslaufen.

Ängstliche Interviewer – oder von ihren Auftraggebern dazu angehaltene – pflegen die Sache gern zu entschärfen, indem sie zusichern, es ginge hier bloß um eine leichte Plauderei, eine Konversation. Und begreifen nicht, dass das echte Interview, je treffender, schärfer und, nun ja, aggressiver es geführt wird, auch für den Betroffenen desto ansprechender sein mag. Weil er nämlich hoffen kann, bei seinem Befrager auf Verständnis zu stoßen für Dinge, die er selbst vielleicht noch nie ausformuliert hat, die er verdrängte oder auch sich längst vom Herzen reden wollte …"

B

WAS SIND UND WOZU BRAUCHT MAN INTERVIEWS?

Der Brockhaus (19. Ausgabe) schreibt über das Interview: „[engl., von frz. entrevue >verabredete Zusammenkunft<] das, s-/-s, die Veranstaltung einer Abfolge von Fragen und Antworten zw. zwei oder mehreren Personen (Interviewer – Interviewter), das Gespräch zur Ermittlung von Wissen und Erfahrung, Meinungen und Wünschen, Einstellungen und Werthaltungen, Verhaltensweisen und ihrer Motive; auch der Abdruck oder die Ton- oder Bildaufzeichnung eines solchen Gesprächs …"

Vereinfacht könnte man auch sagen: Interview ist immer dann, wenn einer fragt, der unbekannt ist und schlecht bezahlt wird, und einer antwortet, der berühmt ist und reich.

B1 VON GANZ SACHLICH ZU PERSÖNLICH: ANLÄSSE FÜR INTERVIEWS

So viele Anlässe, so viele Themen

Eine beliebig ausgewählte Ausgabe der *Süddeutschen Zeitung* im März 2009:
Auf den Politikseiten wird eine Kriminologin über die Psyche jugendlicher Amokläufer befragt, auf der Panoramaseite äußert sich ein Hirnforscher über die Intelligenz von Kindern älterer Väter. Das Wirtschaftsressort bringt ein Interview mit dem Präsidenten von General Motors Europa, in dem es um das Überleben von Opel geht. Ein paar Seiten weiter äußert sich der Chef des Bundesverbands der Arbeitgeber über Staatshilfen und Bankenversagen. Auf der Geldseite wird – ebenfalls in Form eines Interviews – der Finanzchef der Münchner Rück zu den Aktienkursen der Versicherungskonzerne befragt.

Auf der Medienseite lästert ein Medienkontrolleur über das Privatfernsehen, auf den Reiseseiten kommt ein britischer Zukunftsforscher zu Wort, der sich im Interview über die Auswirkungen der Wirtschaftskrise auf die Touristikbranche auslässt.

Im Lokalteil wird der 3. Bürgermeister von München zur Zukunft des Radverkehrs befragt. In einer Sonderbeilage zum Thema „Schule und Weiterbildung" erzählen sechs Berufstätige in Protokollform, wie, was und warum sie in ihrem Arbeitsleben dazugelernt haben.

So viele Themen. So viele Expert*innen. Und so viele unterschiedliche Interviews.

***Monopol*, auch eine Frühjahrsausgabe:**
Auf Seite 17 erklärt der Künstler Jim Shaw in der Rubrik „Drei Fragen an" das Konzept seiner neuen Ausstellung in London. Ab Seite 38 wird die Gesellschaftsmalerin Elizabeth Peyton in einer insgesamt zwölfseitigen Frage-Antwort-Strecke zu ihrer Arbeit und ihrem Werdegang befragt. Üppig illustrierte 14 Seiten nimmt weiter hinten ein Interview mit dem Fotografen Michael Schmidt über seine Arbeit, seine Vorbilder und das Wesen der Fotografie ein – auch hier in Frage-Antwort-Form gehalten. Auf der letzten Seite steht, wie immer: „Was macht die Kunst", ein Interview, das diesmal mit dem Komponisten Michael Nyman über zwei aktuelle Projekte geführt wurde.

***Bild*, ebenfalls eine Frühjahrsausgabe:**
Auf den Sonderseiten zum Amoklauf an der Realschule von Winnenden steht das Protokoll einer Schülerin darüber, wie sie das Geschehen im Klassenraum erlebt hat. Im Münchner Lokalteil äußert sich der bayerische Innenminister Joachim Herrmann in

einem durchgeschriebenen Gesprächsinterview mit Zitatpassagen über die Sicherheit an Bayerns Schulen. Erfolgsautor Richard David Precht hat ein neues Buch geschrieben, über die Liebe, und erklärt daher einige Seiten weiter hinten in Frage-und-Antwort-Form den *Bild*-Lesern die Liebe.

Wir können also

- eine Fachfrau befragen, eine Expertin, die uns Hintergründe, Zusammenhänge zu einem Vorgang oder zu einem Problem erklärt,
- einen Betroffenen interviewen, der Augenzeuge eines Unglücks, einer Katastrophe war und der uns erzählt, wie es aus seiner Sicht wirklich war,
- eine Behördenchefin, einen Verbandsvertreter oder eine Politikerin ins Kreuzverhör nehmen und sie nach ihrer Verantwortung fragen, nach den Vorschlägen der Opposition,
- einen Prominenten sprechen, eine Schauspielerin, einen Rockmusiker, eine Schriftstellerin oder einen Sportler und ihn nach seinem Lebensweg befragen, seinen Leistungen, seinen Fehlern, seinen Gegnern und Freunden.

Jedes Mal werden wir ganz anders fragen und mit ganz anderen Antworten in die Redaktion zurückkehren.

B2 WANN EIN INTERVIEW SINNVOLL IST

Interviews sollten wir führen, wenn es einen aktuellen Anlass gibt, um mit der Person zu sprechen, mit der wir sprechen wollen. Also wenn etwa die- oder derjenige zur Wahl steht, einen Preis gewonnen hat, bei etwas dabei war, was für unsere Leser*innen interessant sein könnte. Auch wenn wir mit einem einzelnen Schicksal ein allgemeines Thema darstellen können (zum Beispiel: „Wie lebt es sich eigentlich von Hartz IV, Herr Huber?"), wenn wir also im Persönlichen Allgemeines zeigen können, ist das Interview eine gute Form. Expert*innen, die Einschätzungen, Meinungen, Interpretationen liefern und es somit unserer Leserin oder unserem Leser ermöglichen, sich aus unterschiedlichen Standpunkten eine eigene Meinung zu bilden, sind ebenfalls gute Interviewpartner*innen. Dazu ist aber wichtig, dass das Interview nicht zur reinen Faktenabfragerei wird, sondern dass es pointiert, eventuell sogar kontrovers geführt wird. Nur dann muss die oder der Fachkundige Farbe bekennen und den eigenen Standpunkt begründen und nur dann wird das Interview interessant.

B3 WANN WIR EIN INTERVIEW LIEBER NICHT FÜHREN SOLLTEN

Interviews geben einem Thema Farbe, machen es anschaulich, vermitteln kontroverse Positionen. Aber Interviews eignen sich in aller Regel nicht, um in ein großes, komplexes Thema einzuführen. Wenn zu viel erklärt werden muss, bevor die Leserin oder der Leser überhaupt versteht, warum wir Person X oder Y interviewen – eine andere Form wählen! Viel zu häufig werden Interviews geführt, um Faktenwissen zu transportieren, dazu sind sie aber nicht geeignet. Da ist es besser, selbst zu recherchieren, mit mehreren Personen zu sprechen und einen gründlich recherchierten Bericht oder eine Reportage zu schreiben, als die Recherche durch ein fixes Frage-Antwort-Stück zu ersetzen. Als Verlegenheitslösung sollten wir also Interviews nicht einsetzen.

Selbst wenn das Thema und der Fokus gut gewählt sind und die Person zuständig oder prominent oder kompetent oder alles dies ist: Mit Langweilern, Redefaulen, verschlossenen Austern führen wir besser kein Gespräch, denn das würde die Leserin oder den Zuschauer nur langweilen. Beides ist schwierig: Menschen, die wir lieben, und Menschen, die wir hassen. Bei Menschen, die wir mögen, droht uns die Fan-Falle: Wen wir zu sehr verehren oder mit wem wir sogar verschwägert oder geschäftlich verbunden sind, mit dem werden wir nur schwer ein ordentliches Gespräch hinbekommen, das auch mal auf Distanz geht. Und wen wir nicht respektieren oder wer uns anödet, der hat unsere Gesprächszeit eben auch nicht verdient. Vielleicht gibt es ja jemand anders in der Redaktion, der das Interview führen mag …

Nur ein Beispiel: So viele haben versucht, ihn in die Mangel zu nehmen, um seine oft rechtsradikalen und rechtsextremen Positionen zu entlarven. Aber auch härtestgesonnene TV-Journalisten haben sich an dem österreichischen Rechtspopulisten Jörg Haider die Zähne ausgebissen. Wer also einen medienerfahrenen, rhetorisch begabten und schlauen Gesprächspartner im Interview so richtig aufs Glatteis führen will, der sollte sich gut überlegen, ob er sich am Ende nicht selbst blamiert. Daher also: Vorsicht bei Extremisten!

Nie sollten wir ein Interview führen, wenn wir keine Zeit zur Vorbereitung haben, aus welchen Gründen auch immer. Das Ergebnis wird nie auch nur annähernd so gut, wie es mit ordentlicher Vorarbeit hätte werden können. Also aus Respekt gegenüber dem Publikum und dem potenziellen Gegenüber: Hände weg von Schnellschussgelegenheiten zum Interview!

Bevor wir uns daran machen, ein Interview anzufragen, sollten wir uns deshalb überlegen: Würde nicht ein Porträt die jeweilige Person besser fassbar machen, kann nicht ein Infokasten oder eine Grafik das Thema, zu dem das Interview angedacht ist, besser garnieren?

Wenn wir aber einen Gesprächspartner gefunden haben, von dem wir glauben, es lohne sich, ihn unseren Leser*innen vorzustellen, zu entfalten, wie er denkt und wie er spricht und wie er reagiert, dann gibt es keine authentischere, unterhaltsamere und schönere Form der journalistischen Darstellung als das Interview.

Porträt versus Interview

Ein Interview ist kein Porträt, kein Kommentar, keine Reportage. „Beim Porträtieren stellen wir ausschließlich die Person ins Zentrum, beleuchten nur sie, dafür von allen Seiten. Wir lassen sie sprechen und wir reflektieren sie. Im Interview fallen Beobachtungen, Interpretationen und emotionale Feinheiten tendenziell weg. Dafür kommen mehr die verbalen Stärken oder Schwächen zum Ausdruck, Eloquenz, Ausdruck, Sachwissen" (Egli von Matt et al. 2008: 18).

B4 FORMEN VON INTERVIEWS

Die häufigste und klassische Variante des Interviews: die Frage-Antwort-Form. Das können drei oder fünf Fragen an eine Expertin oder einen Experten sein. Oder es kann das große, achtseitige Interview zur Person sein. Hierbei geht es weniger darum, Meinungen oder Fakten zu transportieren. Ein gutes Interview zur Person zeichnet aus Fragen und Antworten ein Porträt der Gesprächspartnerin oder des Gesprächspartners, sodass die Lesenden sich quasi live einen Eindruck davon machen können, wie der Sportler, die Politikerin, der Theatermensch oder die Musikerin tickt. Wie schlagfertig sie ist, wie er seine Gedanken entwickelt, in welcher Stimmung sie gerade ist. Im Idealfall sitzt der Leser mit der Befragten quasi am Tisch und führt mit ihr einen Dialog über ihr Schaffen, ihre Freunde und Feinde, ihre Erfolge und Niederlagen – und über Gott und die Welt. Der Regisseur und Autor Heinrich Breloer (unter anderem *Die Manns – ein Jahrhundertroman, Todesspiel* und *Speer und Er*) hat einmal geschrieben, seine Filme seien „Protokoll einer Suche, an der du die Zuschauer beteiligen willst". Eine Definition, die eigentlich auch perfekt auf das lange Interview zur Person passt.

Das Gesprächsprotokoll (ein Klassiker: die *Zeit*-Serie *Ich habe einen Traum*) ist ein durchgeschriebener Text, der sich wie ein Monolog des Befragten liest. Der Gesprächstext – so werden die meisten Interviews in englischsprachigen Medien gedruckt – ist ebenfalls ein durchgeschriebener Text, allerdings im Sound der Autorin oder des Autors gehalten und mit mehr oder weniger vielen Zitaten aus dem geführten Interview. Atmosphäre des Gesprächs, äußere Erscheinungsform des Befragten, Leben und Werk der Gesprächspartnerin: All dies stammt in der Regel aus dem Kopf und der Feder der Autorin oder des Autors. Sehr ähnlich: das Interviewporträt, in dem sich wörtliche Rede in Frage-Antwort-Form und geformter Text passagenweise abwechseln. Und dann gibt es noch diverse Misch- und Sonderformen wie etwa das Ein-Personen-Interview oder die Interviewrubrik: Ein Beispiel für eine Interviewrubrik ist die letzte Seite im *Stern* („Was ist eigentlich geworden aus …") oder jene im *Playboy* („Fragebogen"). Die Ein-Personen-Interviews *Auf eine Zigarette mit Helmut Schmidt*, die *Zeit*-Chefredakteur Giovanni di Lorenzo unter Einsatz seiner Lunge, aber zum großen Vergnügen der Leserschaft über anderthalb Jahre mit dem Altbundeskanzler führte, fanden erst ihren Platz auf der letzten Seite des *Zeit-Magazins* und dann in einem Buch.

Ein gutes Interview …

- … bekennt Farbe, liefert interessante und originelle Meinungen und Einschätzungen,
- … hakt nach, kratzt am Lack und gibt mehr von der Befragten preis, als sie ursprünglich preisgeben wollte,
- … wird daher von anderen Medien oder Nachrichtenagenturen zitiert,
- … gibt in Wortwahl, Redemustern und Bildhaftigkeit die Sprache des Interviewten wieder und macht den Befragten damit zu einer runden Person,
- … präsentiert die Fragende oder den Fragenden nicht als Mikrofonständer auf zwei Beinen, sondern als geistreiches, informiertes, einfühlsames, aber auch selbstbewusstes Gegenüber,
- … unterhält,
- … wechselt, ähnlich wie ein gutes Musikstück, ab – in Thema, Tempo, Tonart, Tongeschlecht (Dur oder Moll).

Ein schlechtes Interview ...

- ... bleibt Wischiwaschi, bezieht nicht Stellung, wägt ständig ab zwischen einerseits und andererseits,
- ... fragt altbekannte Fakten ab, Dinge, die mit zwei Klicks aus Wikipedia zu erfahren sind und tut dies auch noch auf eine langweilige Art und Weise,
- ... gibt Ansichten wieder, die genauso gut von Person X wie von Y wie von Z stammen könnten,
- ... trottet von der ersten Frage bis zur letzten Antwort im selben Tempo dahin.

DIE VORBEREITUNG

Gute Interviews entstehen aus der Situation heraus, ganz spontan mit unverbautem Blick, ohne Vorbereitung? Ja, es gibt Journalist*innen, die das glauben. So wie es auch Menschen gibt, die glauben, man gewinne ein Champions-League-Finale mit einer Mannschaft, die aus der Situation und aus dem Bauch heraus spielt, ganz spontan, ohne Vorbereitung. Für die, die das nicht glauben, gibt es im Folgenden einige Hinweise zur Spielvorbereitung. Vorbereiten müssen wir uns zunächst auf die Person und ihre Themen, die Rede ist hier also von Recherche. Weil es beim Interview vor allem um das Fragen geht, handelt der darauffolgende Abschnitt von den Fragen, welche gut sind und welche vielleicht weniger, wie wir sie vorbereiten etc. Und schließlich müssen wir den Interviewten und uns auf den Rahmen vorbereiten, den Ort, die Zeit, die Technik.

C1 INHALT UND THEMEN

„Schon fast kriminalistisch bereite ich mich vor, akribisch, ich will – was nie klappt, aber der Idealfall wäre – mehr über meinen Gesprächspartner wissen als er selbst“

ARNO LUIK (*NR-WERKSTATT* 2009: 65)

Für die drei Fragen an den örtlichen Brandkommandanten ist einiges von dem, was hier folgt, vielleicht etwas viel Aufwand. Aber auf das lange Interview zur Person müssen wir uns ausgiebig vorbereiten.

Warum haben wir uns für unseren Gesprächspartner entschieden und für keinen anderen? Was genau wollen wir von ihm wissen, was interessiert uns an ihm, warum sind wir neugierig auf ihn? Wofür steht er? Das müssen wir als Erstes für uns selbst klären, wenn wir mit der Vorbereitung auf ein Interview beginnen.

Das Netz auswerfen

Und dann müssen wir recherchieren wie für eine Reportage oder einen Bericht, also in den Archiven wühlen. Müssen ältere Interviews, Porträts, Reportagen lesen und herausfinden: Was sind einerseits die Fragen, die unserer Gesprächspartnerin immer und immer wieder gestellt werden – und die sie langweilen könnten, wenn wir sie zum 396.967. Mal stellen? Was, andererseits, sind Themen, über die nicht oder selten mit ihr gesprochen wird? Gibt es eine Website, einen Wikipedia-Eintrag, YouTube-Videos, gibt es in den Mediatheken von ard.de, zdf.de oder dradio.de Fernseh- oder Radiointerviews mit oder zu oder von unserer Gesprächspartnerin? Und Fotos (zum Beispiel Google-Bildersuche): Wie sah sie vor zehn Jahren aus, wie hat sie sich damals in Szene gesetzt, wie tut sie das heute? Ist – eventuell über die betreuende Agentur – ein Lebenslauf erhältlich? Was darin wird besonders betont und was verschwiegen?

Spex-Chefredakteur Max Dax sagt dazu: „Wer lange genug sucht, findet das vom Lebenslauf Fallengelassene, Verdrängte, seltsame Zufälle. Wenn ich mein Gespräch mit einem seltsamen biografischen Detail eröffne, dann stelle ich damit klar, dass ich es ernst meine, an meinem Gegenüber wirklich interessiert bin. Immerhin finden Gespräch nicht selten in undankbaren Situationen statt – der Star gibt ein Interview nach dem anderen, er wird immer dasselbe gefragt und fragt sich selbst: Was tue ich hier eigentlich?"

Wenn wir eine Expertin oder einen Experten interviewen, wenn es also weniger um eine Person und mehr um die Sache und die Fachkompetenz geht: Wie steht sie mit ihrer Position innerhalb der Fachwelt da? Was wären extreme Gegenpositionen zu seiner Haltung?

Natürlich, das verlangt schon allein der Respekt, sollten wir für ein Interview mit einer Autorin die – oder wenigstens einige der – Bücher gelesen haben, die sie geschrieben hat. Die CDs des Musikers kennen, die Filme der Regisseurin, die Bilder des Malers. Wir sollten uns in ihrem Umfeld umhören: Was denken Kollegen, Freundinnen und Gegner über sie oder ihn? Kenne ich Menschen, die etwas Ähnliches tun wie meine Gesprächspartnerin? So kann auch ein Gespräch mit dem Architektur-Langzeitstudenten aus der hinterletzten WG sachdienliche Hinweise zur Vorbereitung auf das Interview mit dem Stararchitekten ergeben.

Wir sollten also am Ende unserer Vorbereitung unserer Gesprächspartnerin oder unserem Gesprächspartner nahegekommen sein, sollten ziemlich gut über sie oder ihn Bescheid wissen: Was genau ist sein Metier? Was treibt sie an? Was sind die großen Ideen, Leitmotive, Ideale, Fragen in seinem Werk und Handeln? Wer sind und waren Verbündete, wer Feinde? Was sind vielleicht auch Widersprüche in ihrem Denken, wo waren die großen Brüche in Werk und/oder Leben? Wie ist er mit Schicksalsschlägen, mit Höhen und Tiefen fertig geworden und wo eventuell nicht? Wir sollten aber auch keine Angst davor haben, *Sendung mit der Maus*-Fragen zu stellen, also ganz einfach, primitiv, naiv fragen: „Warum schreiben Sie eigentlich?" (an den Schriftsteller) oder „Warum machen Menschen eigentlich Musik?" (an die Rockgitarristin) etc.

Gut vorbereitet gehen wir in ein Gespräch, wenn wir eine satte Mischung aus Information (Zahlen, Daten, Fakten), Meinung (Zitate von ihr/ihm und über sie/ihn), Hintergrund/Kontext und Anekdoten für die Begegnung mit unserer Gesprächspartnerin oder unserem Gesprächspartner im Gepäck haben.

Und, ganz wichtig, wir sollten uns fragen: Mag ich den eigentlich überhaupt? Wenn ja, warum? Und wenn nicht, warum nicht? Das bringt uns zum Nachdenken über die Person und hilft uns, im Gespräch alle emotionalen Stürme, die auf beiden Seiten entstehen können, abzuwettern. Was könnten schwierige, heikle Gesprächsthemen werden, wo könnte es sehr emotional werden, wo könnte sich die/der Interviewte – zu Recht oder zu Unrecht – angegriffen fühlen? Und was sind die Frotzel-, Schmunzel-, Witzelbereiche, Themenfelder also, über die leicht und locker geplaudert werden kann? Und auf die wir uns notfalls zurückziehen können, wenn das Interview zu einem Streitgespräch eskaliert?

Den Fokus scharfstellen

Wir haben uns während der Recherche Notizen gemacht, Fragen notiert. Und zwar höchstwahrscheinlich viel zu viele. Also müssen wir nun reduzieren und strukturieren. Wir müssen sozusagen die Weitwinkeloptik aufgeben und jetzt durch das Teleobjektiv auf unsere Gesprächspartnerin/unseren Gesprächspartner blicken, sie/ihn heranzoomen.

Es ist besser, wenn wir auch ein sehr langes Gespräch nur zu zwei, drei, vier Themen führen und dabei die Möglichkeit haben, die einzelnen Bereiche zu vertiefen, als wenn wir eine oberflächliche Tour d'Horizon abhetzen.

Zur Dramaturgie: Die heiklen, schwierigen Themen sollten wir weder ganz an den Anfang noch ganz an den Schluss setzen. Die Gesprächsatmosphäre gewinnt, wenn wir mit leichter Kost beginnen und nicht gleich mit der Tür ins Haus fallen. Auch Colombo stellt die wirklich kritischen Fragen, die sein Gegenüber aus den Latschen kippen lassen, immer in dem Moment, in dem der andere am allerwenigsten damit rechnet und eher auf ein Kuschelgespräch eingestellt ist. Nur wer sehr erfahren ist und weiß, dass die Gesprächspartnerin/

der Gesprächspartner von robuster Natur ist, provoziert gleich zu Beginn mit einer Erdbebenfrage, die er dann langsam steigert.

Annäherungen

Der Dokumentarfilmer Georg Stefan Troller rät: „Vom Äußerlichen ins Vertiefte, vom Allgemeinen ins Intime, vom Leichtzunehmenden ins verminte Gelände … vom Sachlichen ins Emotionale, von den Stärken zu den Schwächen, von den Erfolgen zu den Krisen … und wie sie zu überwinden sind."

C2 VORSPRUNG DURCH TECHNIK: BESSER FRAGEN

Interviewbeispiel: Langweilig gefragt

SZ-Magazin: … Wir haben zur Vorbereitung viele Ihrer Interviews aus den letzten Jahren gelesen. Sie haben zu 90 Prozent über Frauen und jeweils zu fünf Prozent über Tennis und Mode gesprochen. Im Grunde haben Sie zehn Jahre das Gleiche gesagt. Macht Sie das traurig?

Boris Becker: Nein, weil ich mir die Sachen nicht ausdenke, sondern auf Fragen antworte. Ich habe mir oft von meinem Gegenüber mehr erwartet. Manche Interviews fingen auch spannend an, aber dann kam Frage drei und die alten Klischees wurden wieder aus dem Hut gezaubert. Dann gähne ich und starte mein Abspielprogramm. Ich kann ja nicht jede Woche was anderes sagen … Niemand hat ein perfektes Privatleben … ich werde es auch nicht schaffen.

(*Süddeutsche Zeitung Magazin*, 20/2009)

Wer langweilig fragt, hat spannende Antworten nicht verdient! Gespräche, die die Befragte ab Frage drei per Autopilot führen kann, werden weder uns noch unser Gegenüber noch den Leser vom Hocker reißen. Also müssen wir uns auf unsere Fragen sorgfältig vorbereiten. Denn die Frage ist das wichtigste Werkzeug des Interviewers. Die Frage forscht nach Gedanken, Meinungen, Erwartungen, Hoffnungen, Befürchtungen und Handlungsmotiven unserer Gesprächspartnerin. Je besser der Fragende fragt, desto besser antwortet die Antwortende. Die Fragen sind zum einen so etwas wie ein Gaspedal – mit ihm können wir ein Gespräch beschleunigen oder Tempo rausnehmen. Sie sind zum anderen aber auch das Register einer Orgel: Sie können fein und dünn und lieblich daherkommen oder groß, gewaltig und Furcht einflößend – und dementsprechend den Klang der Antworten färben.

Fragen ausformulieren oder Stichwörter machen?

„Wie die Beichte oder die Psychoanalyse beruht auch das Interview auf bloßen Worten, auf Sprache", schreibt Georg Stefan Troller. Wir sollten uns nun nicht damit überfordern, wenn wir mit jedem Interview dazu beitragen wollen, dass unsere Gesprächspartnerin oder unser Gesprächspartner in den Himmel kommt oder ihre bzw. seine Seele geheilt werde. Aber wir sollten schon darauf achten, in welcher Sprache, mit welchen Formulierungen und in welcher Wortwahl wir fragen und wie unser Gegenüber antwortet. Mit unseren Fragen setzen wir den Ton.

Es ist dabei eine Frage von Routine und Geschmack, ob wir mit ausformulierten Fragen in das Gespräch gehen oder nur mit Stichpunkten. Als Faustregel gilt: Je schwieriger die Gesprächspartnerin/der Gesprächspartner und je heikler die Themen, desto sicherer werden wir uns im Interview fühlen, wenn wir die Fragen so präzise wie möglich vorbereitet, also schon fertig im Kopf haben.

Stichwörter versus ausformulierte Fragen

Ein Stichwortzettel

- erlaubt uns, mehr Blickkontakt zu halten,
- erleichtert das spontanere Fragen.

Ausformulierte Fragen

- können ein gutes Geländer sein,
- werden im Gespräch meistens kurz und prägnant gestellt,
- bewahren uns vor allzu vielen Ähs und Öhs,
- verhindern, wenn wir mit einem Kollegen oder mehreren Kolleg*innen gemeinsam fragen, ein großes Kuddelmuddel,
- halten uns in Fremdspracheninterviews den Kopf ein wenig freier, weil wir uns im Gesprächsstress nicht noch jede Vokabel neu überlegen müssen,
- bringen, wenn wir uns auch mit der Sprache Mühe gegeben haben, bestimmte Saiten in der Gesprächspartnerin/dem Gesprächspartner zum Klingen.

Fragen sollten wir vor allem zum Einstieg und bei schwierigen, heiklen, konfrontativen Passagen vorformulieren.

Der Fragenkatalog darf nicht zum Korsett werden. Aber wenn wir ihn gut vorbereitet haben, können wir ihn umso getroster komplett über Bord werfen und im Gespräch improvisieren.

Geschlossene Fragen

Geschlossene Fragen können nur mit Ja oder Nein beantwortet werden. Zum Beispiel: „Singen Sie auch auf Englisch?" Standesbeamte verwenden sehr gern Ja-Nein-Fragen, denn alles andere macht den Vorgang der Eheschließung nur komplizierter … Im Interview sollten wir geschlossene Fragen aber nur sehr dosiert einsetzen, denn sie sind wenig kommunikativ, zeigen wenig Neugier, lassen dem Antwortenden wenig Spielraum, engen ein. Die wortkarge Gesprächspartnerin muss zu einer Antwort auf eine geschlossene Frage nichts weiter erläutern als „Ja" oder „Nein" oder eventuell „Weiß nicht". Der Frager muss nachhaken. Geschlossene Fragen wirken leicht verhörartig – vor allem, wenn sie aneinandergereiht werden. Aber sie können auch Vorteile bringen: Denn sie sind einfach und konkret, meistens leicht zu beantworten und bringen die Dinge auf den Punkt. Bei einem Viel-schnell-wolkig-Formulierer sind wir mit geschlossenen Fragen schnell wieder am Ball.

Interviewbeispiel: Eingeschüchtert

Ein Beispiel dafür, wie man eine Gesprächspartnerin mit geschlossenen Fragen so sehr in die Enge treiben kann, dass sie gar keinen Spielraum mehr hat, um zu antworten: das Interview mit der Olympiasiegerin im Ski-Abfahrtslauf von 1984, Michaela Figini, gesendet im DRS-Fernsehen:

Interviewer: Michaela, gestern Startnummer 1, heute Startnummer 5. Hat Sie das weniger nervös gemacht?
Figini: Ja, schon ein bisschen weniger.

Interviewer: Gestern sind Sie nicht so glücklich gewesen mit der Nummer 1.
Figini: Nein, ich habe diese Nummer wirklich nicht gerne.

Interviewer: Aber heute hatten Sie überhaupt keine Probleme.
Figini: Nein, ich habe ein sehr gutes Rennen gemacht.

Interviewer: Aber heute hatten Sie überhaupt keine Probleme.
Figini: Nein, ich habe ein sehr gutes Rennen gemacht.

Interviewer: Spürten Sie während des Laufes, dass Sie gut unterwegs sind?
Figini: Ja, gut, sehr gut, besser als gestern: härter auch als gestern, und ich habe weniger Fehler gemacht.

Interviewer: Ein Riesenrummel, viel ist jetzt schon passiert. Realisieren Sie, dass Sie Olympiasiegerin sind?
Figini: Ja, jetzt schon, es ist wirklich schön. Super.

(vgl. Häusermann/Käppeli 1994)

Offene Fragen

W-Fragen, die mit einem Fragewort beginnen. Zum Beispiel: „Warum singen Sie nur auf Deutsch?" Sie zeigen Neugierde, offenes Interesse, lassen der oder dem Interviewten viel Spielraum. In der Regel sollten wir die überwiegende Mehrheit unserer Fragen offen formulieren. Und zwar am besten so kurz und knackig wie in der *Sesamstraße*: Wer, wie, was? Wieso, weshalb, warum?

Allerdings: Offene Fragen können Gesprächspartner*innen auch überfordern und in Verlegenheit bringen – wenn es etwa um heikle Themen geht oder wenn unser Gegenüber wenig Medienerfahrung hat. Sie können auch besonders weitschweifige Gesprächspartner*innen zum Weitschweifen ermuntern. Vage Allerweltsfragen, die kein wirkliches Ziel zu haben scheinen („Wer sind Sie eigentlich?"), können auch eloquente Gesprächspartner*innen ganz schön aus dem Konzept bringen – was ja nicht immer schlecht sein muss.

Alternativfragen

Entweder-oder-Fragen, die – meistens und zumindest theoretisch – nur zwei Möglichkeiten der Beantwortung zulassen. Etwa: „Singen Sie lieber auf Deutsch oder auf Englisch?" Solche Fragen bringen die Dinge auf den Punkt, zwingen eine*n Wischiwaschi-einerseits-andererseits-Antworter*in dazu, Farbe zu bekennen. Sie können einem Gesprächspartner, der grundsätzlich positiv gegenüber der Interviewerin eingestellt ist, die Sache einfacher machen.

Der Nachteil: Alternativfragen können als sehr einengend und manipulierend aufgefasst werden.

Präzisierungsfragen

Sie wollen es ganz genau wissen, zum Beispiel: „Was genau war Ihr allerschönster Auftritt?" Konkretisierungs- oder Präzisierungsfragen verlangen Auskunft über das wichtigste Tor, die schönste Kindheitserfahrung oder („wie sehr", „wie wichtig" etc.) fragen nach Schattierungen und Nuancen. Während geschlossene oder Alternativfragen nur Schwarz und Weiß als Antwort kennen, geht es bei Präzisierungsfragen um die Grautöne. Auch hier muss sich die Gesprächspartnerin festlegen, wird festgenagelt.

Allerdings können sie auch banal oder wie rhetorische Fragen wirken (zum Beispiel: „Wie sehr wünschen Sie sich eine goldene Schallplatte?"). Wir sollten dabei auch nicht nach Dingen fragen, die wir eigentlich aus der Recherche wissen müssten („Wie viele Kinder haben Sie?"): Das wirkt respektlos gegenüber dem Gesprächspartner und bringt auch meistens nichts Druck- oder Sendbares hervor.

Erklärfragen

Wir bitten den Befragten, uns etwas zu erklären, einen Begriff, ein Konzept, eine Äußerung. Zum Beispiel: „Herr Shaw, Ihre neue Ausstellung trägt den Titel *Das Ganze: Eine Studie zu oistischer integrierter Bewegung*. Was hat es damit auf sich?" (*Monopol*, 3/2009) Varianten wären: Wie funktioniert das? Wie kam das? Warum passiert das? Wie erklären Sie (sich) das? Erklärfragen lassen der Gesprächspartnerin viel Raum zum Erzählen und – genau – Erklären. Bei Schwaflern kann das gefährlich werden. Und gestellt werden sollten nur Fragen, die sich die Leserin oder der Leser auch stellt oder stellen könnte, deren Antwort nicht schon von vornherein auf der Hand liegt. Sonst wirken sie künstlich. Außerdem sollten wir nur nach Erklärungen fragen, die auch in einer Antwort zu liefern sind: Die Funktionsweise eines Atomkraftwerks erläutern wir der Leserin oder dem Leser lieber mithilfe eines Schaubilds als in einer Fünfsatzantwort!

Interpretationsfragen

Wir bitten die Befragte, uns etwas zu deuten, zu interpretieren, einzuordnen – beziehungsweise fragen sie, ob sie mit der von uns angebotenen Deutung einverstanden ist oder nicht, zum Beispiel: „Ihr neues Album heißt *The E. N. D.* Ist danach Schluss für Ihre Band?" Deutende, interpretierende Fragen können ein Gespräch in Gang bringen, vor allem, wenn unsere Deutung originell oder provokant ist.

Rhetorische Fragen

Fragen, die eigentlich gar keine sind, weil sie dem Antwortenden die Antwort schon in den Mund legen, zum Beispiel: „Sie singen ja gar nicht so viel auf Englisch, oder?" Rhetorische Fragen zeigen erstmal kein echtes Interesse, sie laden den Gesprächspartner entweder dazu ein, uns zuzustimmen oder heftigst zu widersprechen. Wir sollten sie daher nur sehr dosiert einsetzen.

Suggestivfragen

Ähnlich wie rhetorische Fragen sind sie mehr Aussage als Frage; sind aber noch einen Tick schärfer und können hart an die Unterstellung grenzen, wie etwa: „Sie singen doch nur auf Englisch, weil da der Markt größer ist, oder?" Wir schieben also der Gesprächspartnerin eine Meinung/Ansicht unter, von der wir meistens wissen, dass sie sie – empört oder amüsiert, aber hoffentlich leidenschaftlich – zurückweisen wird. Suggestivfragen können sehr unterhaltsam sein, wenn der Gesprächspartner mitmacht. Er wird herausgefordert, muss sich verteidigen.

Der Nachteil: Sie werden schnell, vor allem wenn sie gehäuft auftreten, als manipulatives Getrickse empfunden und können so das Gesprächsklima verschlechtern.

Fragen zur Gesprächssituation selbst

Dies sind Fragen, die eine Äußerung oder Nichtäußerung unseres Interviewpartners ansprechen oder die Gesprächssituation zum Thema machen, zum Beispiel: „Warum geben Sie mir auf diese Frage keine wirkliche Antwort?" oder „Warum schlucken Sie jetzt innerhalb von zehn Minuten die fünfte Tablette?" Solche Fragen können, vor allem im Printinterview, die Gesprächssituation anfassbar machen und der Leserin oder dem Leser einen Eindruck von vor Ort liefern. Wenn sie zu massiv eingesetzt werden, wirken sie schnell selbstreferenziell oder gar eitel.

Balkonfragen

Die sogenannte „Balkonfrage" gibt ein Zitat oder ein Fakt wieder und fragt dann nach einer Reaktion der Gesprächspartnerin, zum Beispiel: „Sie haben mal gesagt, dass Sie nie wieder eine Platte mit XYZ aufnehmen wollten. Wie stehen Sie heute dazu?" Solche Fragen können dann besonders ergiebig sein, wenn zu erwarten ist, dass die Interviewte der Behauptung widerspricht. Sie sind gut geeignet, um kontroverse Ansichten in ein Interview hineinzubringen. Gleichzeitig kann sich der Journalist vom Inhalt des Gefragten distanzieren, indem er betont, dass das ja nicht seine Ansicht sei. Wichtig dabei: Wenn wir zitieren, müssen wir belegen können, wer dies wann und wo in welchem Zusammenhang gesagt hat – sonst kann uns ein routinierter Gesprächspartner leicht aushebeln.

Feststellungen, Zusammenfassungen und Zitate

Wir bringen unseren Gesprächspartner nicht nur mit Sätzen zum Reden, die am Ende ein Fragezeichen haben. Vor allem in kontroversen Interviews, in denen um verschiedene Sichtweisen und Standpunkte zwischen den Gesprächspartner*innen gerungen wird, kann es sinnvoll sein, Meinungen und Ansichten von Dritten zu zitieren – dann ist die Gefahr eines unkontrollierten Streitgesprächs geringer.

Sonderformen

Ein paar vermeintliche Allerweltsfragen sollten wir im langen Interview zur Person immer parat haben, also Tarnfragen, die für jede*n leicht zu beantworten sind, die aber viel über unser Gegenüber aussagen (können), wie etwa: „Was haben Sie zuletzt gegoogelt?" „Welche drei Dinge haben Sie zuletzt mit Kreditkarte bezahlt?" „Was war Ihr erstes Auto?" Oder: „Welches Buch liegt auf Ihrem Nachttisch?"

Palaver kann das allerschönste Miteinander sein, deshalb: keine grundsätzliche Scheu vor – sehr gelegentlichen – Blablabla-Fragen! Zwei Beispiele aus einem Interview von Moritz von Uslar mit Harald Schmidt: „Ist der Konsumterror vor Weihnachten nicht der Wahnsinn?" Und später: „Wissen Sie jetzt auf einen Schlag, wo der Christbaumständer in Ihrem Haus steht?"

Sollte uns der Pressebetreuer bestimmte Fragen verboten haben, zur letzten Scheidung, zur nächsten Ehe o. Ä., dann kann Fragen über die Hintertüre sinnvoll sein, in dem Fall etwa: „Wie ist das, wenn man eine große Liebe verliert/findet?"

Fiese, gemeine, komplett hanebüchene Unterstellungen können sehr lockernde Wirkung haben. Ein Meister auch hier: Moritz von Uslar. „Wenn Sie koksen, dann am liebsten mit wem?", fragte er Harald Schmidt. Auch auf „Wie hieß Ihre erste Band?" musste sich eine verdutzte Angela Merkel erstmal etwas einfallen lassen.

Auch Provokationen sind – in Maßen – erlaubt: „War eigentlich jeder halbwegs intelligente DDR-Bürger bei der Stasi?" – wieder von Uslar, wieder im Gespräch mit Angela Merkel. Für den Fall allerdings, dass uns der Rausschmiss droht, sollten wir auch stets ein paar Kuschelfragen parat haben (zum Beispiel: „Was bedeutet Ihnen Heimat?" oder „Was war der schönste Tag in Ihrem Leben?"). Dann ist schnell wieder alles gut und die oder der Befragte schwelgt selig in den Erinnerungen. Ob wir die dann samt Antworten letztlich drucken oder senden, können wir uns ja immer noch überlegen …

Gute versus schlechte Fragen

Gute Fragen

- sind knapp und präzise,
- fragen nicht nach dem, was wir eh schon wissen,
- wechseln ab in Rhythmus, Form und Tempo,
- sind originell und elegant formuliert.

Schlechte Fragen

- kommen nicht auf den Punkt, wissen nicht genau, was sie wollen, sind schwammig,
- überfordern insbesondere den medienunerfahrenen Gesprächspartner, drängen ihn in die Ecke, sodass er „zumacht",
- unterfordern die – insbesondere medienerfahrene – Interviewpartnerin, sodass sie das Gespräch in die Hand nimmt,
- funktionieren immer nach Schema F,
- kommen als Frageketten daher, wollen fünf Dinge auf einmal wissen, sodass sich der Gesprächspartner aussuchen kann, welche Frage ihm gerade in den Kram passt und welche nicht.

Wir sollten also die Fragen, die wir für unser Gespräch vorbereiten, schön durchmischen. So wie ein guter Koch von feurigscharf bis lieblichsüß sein Menü mit möglichst viel Abwechslung durchplant, so wie eine Band ihr Album aus schnelleren, aggressiveren Krachern einerseits und schmalzigen Balladen andererseits zusammenkomponiert. Je besser wir unsere Fragen in Tempo, Tonart, Lautstärke durchmischen, desto weniger werden wir unser Gegenüber, die Leserin, den Leser und uns selbst langweilen.

C3 DER ORT, DIE ZEIT, DIE TECHNIK UND WAS NOCH WICHTIG IST

Der Ort: Wo Kolleg*innen stören, wo Telefone klingeln, wo Mails auflaufen – da sollten wir keine Interviews führen. Ein gutes, konzentriertes Gespräch gelingt dort am besten, wo wir die Gesprächspartnerin oder den Gesprächspartner ganz für uns haben. Wer also ein Mitspracherecht über das Wo hat, soll die Konferenzräume, Büros oder die eigene Redaktion immer ablehnen. Viel besser: Segel- oder Golfclubs, Strände, Lieblingsrestaurants oder sonstige Wohlfühlorte. Besonders im Interview zur Person bringen wir den anderen umso besser zum Reden, je persönlicher oder gar intimer der Ort des Gesprächs ist. Ideal: wechselnde Orte, also etwa abholen im Büro, dann gemeinsam essen gehen, dann mit dem Auto nach Hause.

Ist das alles nicht möglich, müssen wir doch mit einem 08/15-Büro vorliebnehmen, dann sollten wir wenigstens demonstrativ das eigene Handy vor den Augen der Interviewpartnerin ausschalten. So bleibt das Gespräch schön ungestört. Und wir sollten auf die Sitzordnung achten: Wenn das Gespräch eben doch im Büro stattfindet, sollte es keine Schreibtischsituation geben mit:

Zeitvorgaben

Wenn wir ein Interview führen (egal ob zur Sache oder zur Person, egal ob persönlich oder am Telefon), brauchen wir dafür Zeit. Wir müssen erklären, worum es geht, müssen uns und eventuell unser Medium vorstellen, die Autorisierung vereinbaren – und eben miteinander reden. Wer sich also nicht mindestens eine Viertelstunde Zeit für uns nimmt, dem werden wir wohl schwer auch nur fünf Fragen stellen können. Für ein großes, fünf bis sechs Seiten langes Interview zur Person veranschlagt der *Playboy* zum Beispiel mindestens 90 Minuten.

Fragefrust

Der viel gefragte und viel befragte österreichische Kabarettist Werner Schneyder hat einmal bitterböse und doch sehr gescheit über das Interviewtwerden geschrieben:

„... Sie machen sich vor dem Interview nicht bewusst, wie viel Platz Sie im Blatt haben werden, auch Sie häufen Fragen und Antworten für eine Sondernummer, auch Sie vergeuden Gesprächszeit und vor allem Einkürz- und Redigierzeit. Denn wenn Sie die Abschrift der Kassette auf ein Zehntel eingestrichen haben, sind Sie noch genau um ein Drittel zu lang. Dieses fummeln Sie noch irgendwie aus dem Text heraus, um dann vom Chef vom Dienst zu hören, ein Absätzchen müsse noch weg. Und das sind dann die zwei Striche, die meine Gedanken zu Schwachsinn werden lassen bzw. ins Gegenteil verkehren. Da müsste ich Sie dann anrufen oder Ihnen einen bösen Brief schreiben. Ich tue es nicht. Ich habe längst schon resigniert" (Egli von Matt et al. 2008: 222f.).

Chefsessel! Besser: eine Runde am Tisch, sodass alle Beteiligten auf Augenhöhe miteinander sprechen können.

Die Zeit: Nicht nur die Wahl der Bühne kann großen Einfluss darauf haben, ob und wie gut ein Interview gelingt, für den Zeitpunkt gilt dasselbe. Die Massenabfertigung an Großinterviewtagen sollten wir möglichst vermeiden. Wenn das nicht geht, ist der allererste Termin am Morgen immer günstiger als der allerletzte am Abend. Um Enttäuschungen zu vermeiden, sollten wir eine realistische Zeit vereinbaren und die geplante Seitenzahl in Aussicht stellen. Wenn wir also nur Platz für drei oder fünf Fragen haben, machen wir uns und dem Gesprächspartner unnötig viel Arbeit, wenn wir ein Anderthalb-Stunden-Interview anfragen.

Die Technik: Aufnahmegeräte können kaputtgehen, Batterien leer sein, Speicherkarten voll. Also sollten wir bei jedem Interview einen zweiten Rekorder griffbereit haben, samt funktionierenden Mikrofonen, genügend Ersatzbatterien und Aufnahmematerial. Vorher in der Redaktion testen: Funktioniert alles? Wie groß ist die Reichweite des Mikrofons? Ist genügend Speicher frei?

Die Kleidung: Wer dem großen Maestro, der Nobelpreisautorin oder der Kanzlerin in Flipflops und Löcherjeans gegenübertritt, muss damit rechnen, dass das nicht unbedingt als Zeichen von Respekt gedeutet wird. Wenn wir also nicht von vornherein auf Krawall aus sind: die Kleidung der Interviewpartnerin/dem Interviewpartner anpassen! Es schafft einen Vertrauensbonus, wenn sie/er uns als Gleichgesinnte*n wahrnimmt und nicht als Alien. Aber auch zu viel kann zu viel sein: Überparfümiert und überlackiert können wir unserer Interviewpartnerin/unserem Interviewpartner auf die Nerven gehen.

Das Geschenk: Eine weitere mögliche Form, Respekt zu zeigen: das Geschenk. Wir sind kulturgeschichtlich so programmiert, dass wir zu dem, der uns etwas schenkt, nett sind. Seien es also auch nur PR-Süßigkeiten, Kugelschreiber oder das eigene Heft: Es ist nie schlecht, wenn wir mit etwas in der Hand der Gesprächspartnerin gegenübertreten. Bei manchen Firmen sind die Compliance-Vorschriften so streng, dass ihren Mitarbeiter*innen selbst die Annahme von Kugelschreibern verboten ist – aber dann werden sie es uns schon sagen. Und wer das Mitbringen von Geschenken als unjournalistische Unterwerfungsgeste betrachtet, kann es auch lassen – aber einen Gedanken ist es in jedem Fall wert.

Die Aufstellung: Zumeist werden wir wohl allein fragen gehen. Aber insbesondere längere Interviews mit prominenten Zeitgenossen werden häufig zu zweit oder gar zu mehreren geführt – das hat Vor- und Nachteile. So kann man sich im Doppelinterview beim Nachdenken, Zuhören und Fragen mit der Partnerin oder dem Partner abwechseln, es gibt ein Stand- und ein Spielbein.

Kulturschock

Wenn wir mit Personen aus anderen Kulturkreisen sprechen, müssen meistens entweder wir oder unser Gegenüber eine fremde Sprache zu Hilfe nehmen. Eine Sprache, in der wir oder der Gesprächspartner oder sogar beide nicht so flüssig sind wie in der Muttersprache. Eine Sprache, die andere Wortspiele macht, die manches unklarer lässt und dafür vielleicht anderes präziser erfasst als das Deutsche. Die vielleicht Dinge als Beleidigung auffasst, die im Deutschen harmlos sind – oder umgekehrt. Kennt unsere Gesprächspartnerin Deutschland, hat sie hier vielleicht sogar gelebt, spricht sie deutsch? Dann sollten wir keine allzu großen Verständnishürden zu überwinden haben. Aber wenn das nicht der Fall ist, müssen wir uns darauf einstellen und die Befragte eventuell auch darauf ansprechen. Und notfalls nachfragen.

Der Unterhaltungswert ist, wenn es gut läuft, höher. Auch fühlt sich so mancher Interviewpartner gebauchpinselt, wenn nur zwei oder mehr Interviewer*innen glauben, ihn bändigen zu können. Die Nachteile des Mehrpersoneninterviews: Man kommt sich schnell ins Gehege („Was mein Kollege eigentlich sagen will …"), und für die Befragte ist die Situation mindestens doppelt so anstrengend. Die Spesenrechnung wird auch nicht kleiner und die Vorbereitungszeit nicht geringer, wenn man zu zweit fragt.

Gehen wir aber doch zu zweit oder zu mehreren ins Interview, dann sollten wir uns Gedanken über die Rollenverteilung machen: der eine zur Sache, die andere zur Person; der eine nachdenklich/langsam, die andere frech und spontan, das wären Formen der Arbeitsteilung. Schon im Vorhinein sollten wir uns darauf verständigen, dass Scheingerechtigkeit („eine Frage du, eine Frage ich") dem Gespräch mehr schadet als nützt.

Interviewbeispiel: „Verlogene Finten sind erlaubt"

Geboren als Hans Moritz Walther Freiherr von Uslar-Gleichen 1970 in Köln. Legendär waren, sind und bleiben seine „100 Fragen an …", die er einst für das *SZ Magazin* stellte – an Rockstars und Politikerinnen, an Sportlerinnen und an Maler. Es folgte ein längeres Gastspiel in der Kulturredaktion des *Spiegel*, danach wechselte er zur *Zeit*. Von ihm stammen sowohl Bücher wie *Deutschboden* als auch einige Theaterstücke.

Warum machen Sie Interviews?
Weil der O-Ton die Urquelle aller Information ist.

Brauchen wir mehr oder weniger Interviews?
Wie von allen journalistischen Formen: weniger und bessere.

Ein Interview ist gut, wenn …
… man beide sprechen hört. Wenn das Gespräch auch Platz für Sinnlosigkeiten, für Redundanzen lässt. Dadurch entsteht Authentizität.

Ein Interview ist schlecht, wenn …
… die Sätze zu geschrieben wirken und nicht gesprochen, wenn ich deshalb dem Interview nicht glaube.

Was muss ich tun, damit ein Interview gelingt?
Gut vorbereiten: Material lesen, mit anderen Leuten über meinen Gesprächspartner sprechen. Mit vorbereiteten Fragen in das Interview gehen. Und dann sich einstellen auf das, was ist – also im Zweifelsfall die Kraft aufbringen, das Konzept, das man in der Hand hält, komplett wegzuwerfen. Bänder nicht zum Abtippen geben, selbst transkribieren: Nur beim Hören wird das Gesprochene nochmals mit Inhalt gefüllt, denn die Eins-zu-eins-Abschrift des Gesagten ist auch nicht die Wahrheit. Nur beim Abhören kann ich spüren, in welche Richtung mein Gesprächspartner wollte, nur so kann ich den O-Ton so zuspitzen, knapper machen, weicher machen, härter machen, dass mir das Interview später auch autorisiert wird. Und immer gegenlesen lassen! Wird anstrengend, aber besser.

Was sollte ich vermeiden, damit ein Interview nicht scheitert?
Zu lange reden. Alles auslabern lassen. Schlechter angezogen sein als das Gegenüber.

Wie viel Kratzen muss erlaubt sein, wie viel Streicheln empfiehlt sich?
Wenig Beißen, ein bisschen Kratzen und am meisten Streicheln. Auch verlogene Finten sind erlaubt, um einen Menschen zum Reden zu bringen. Aber dazwischen muss man auch mal hauen.

Wie viel sollte ein gedrucktes Interview mit dem tatsächlich geführten Gespräch zu tun haben?
Möglichst viel. Idealerweise ist alles Gesprochene auch im geschriebenen Text drin. Realistischerweise ist es höchstens ein Zehntel.

Auf welches Ihrer Interviews sind Sie besonders stolz?
Die 100 Fragen an Angela Merkel: ein Kampf um Verständnis. Da waren derart riesige Gräben des Unverständnisses, die aber immer wieder in Frage und Antwort überwunden wurden, von beiden Seiten. Gleichzeitig fand ich das, was ich gefragt habe, notwendig und absolut daneben. Und fand mich selber sehr mutig, dass ich die Nerven hatte, das zu fragen.

Für welches schämen Sie sich am allermeisten?
Für die nicht gedruckten. Die, die verunglückt waren oder peinlich.

Vorbilder?
André Müller finde ich quälend und gleichzeitig spektakulär. Die politischen Interviewer im *Spiegel*: Ganz weit weg von mir, aber oft fantastisch. Die großen Porträts von Chris Heath, der immer wieder Interviewabsätze in seinen Texten drin hatte. Von den Amerikanern lernt man ja eher, wie es nicht geht. „Hey, you look great!" als erste Frage: unfassbar banal und brav.

Die gute Fee gewährt Ihnen eine Stunde Gespräch mit einer Person Ihrer Wahl aus der Zeit Ihrer Wahl für das Medium Ihrer Wahl. Wofür entscheiden Sie sich?

Eigentlich war das immer meine Idee, man führt ein Interview und lebt dann davon sein ganzes Berufsleben. Meine Wahl: Carlos Kleiber, 1977, für die *Süddeutsche Zeitung*.

(Telefoninterview des Autors)

D

WÄHREND DES GESPRÄCHS

Wir haben uns gewissenhaft vorbereitet, haben viel über unsere Gesprächspartnerin/unseren Gesprächspartner gelernt, haben uns Fragen überlegt. Jetzt sind vor allem zwei Körperteile dran: Mund und Ohr. Das eine fragt nach, das andere hört zu. Aber halt: Auch das Herz hat mitzureden ...

D1 DIE CHEMIE

Ein Interview, vor allem ein längeres Interview, das zur Person fragt, ist nie pure Frage-Antwort-Frage-Mechanik. Wir sind keine Roboter, wir bringen unsere Vorlieben und Vorurteile mit und unser*e Gesprächspartner*in tut das auch. Wir wollen anerkannt werden von unserem Gegenüber oder zumindest ernstgenommen – und dieser Wunsch wird mal erwidert und mal nicht. Wir mögen manche Gesprächspartner*innen, verlieben uns in sie. Manche finden wir einfach nur eitel und borniert – und umgekehrt.

All diese Dinge können wir, zumal in der kurzen Zeit eines Zwiegesprächs, kaum ändern. Aber es macht uns zu besseren Interviewer*innen, wenn wir über sie Bescheid wissen. Und uns schon im Vorhinein bewusst machen, warum wir wie zu unserer Gesprächspartnerin/unserem Gesprächspartner stehen.

Auf Abstand gehen und dann Nähe suchen: Zwischen diesen beiden Polen sollte ein gutes Gespräch immer wieder abwechseln. Gespielte Krawalligkeit? Vorgetäuschte Naivität? Können nie schaden, als Kurzzeittaktik. Über ein 90-Minuten-Interview aber tragen sie uns nicht. Respektvolle Distanz – das wäre vielleicht die beste Grundhaltung für ein Interview. Interesse? Ja. Anerkennung? Auch. Bescheidenheit? Ebenfalls. Aber rückhaltlose Begeisterung für Musikerin A oder Schriftsteller B oder Politikerin C? Nein, die sollten wir im Gespräch mit denselben zügeln. Der Leser und die Zuhörerin werden es uns danken.

Das Du

Da ist der Fußballspieler, da ist die Schauspielerin, da ist der Musiker – vielleicht so alt wie wir selbst, vielleicht sogar jünger. In der Kneipe würde man vielleicht nie darauf kommen, so jemanden zu siezen. Also: „Du, Heike (Makatsch)?" „Du, Bastian (Schweinsteiger)?" „Du, Bill (Kaulitz)?" Nein, lieber nicht. Denn wir führen ja eben kein Kneipengespräch, wir sind als Journalist*innen gekommen, um im Auftrag unseres Publikums zu fragen. Die meisten Du-Dialoge lesen sich wie Fan-Interviews, bei denen die Journalistin oder der Journalist aus dem Kniefall heraus gefragt hat und nicht auf Augenhöhe. Im Zweifelsfall bleiben wir also besser per Sie. Außer, der Gesprächspartner bietet es uns explizit an. Dann wäre alles andere unhöflich. Tja, und wenn einen Tom Tykwer einfach duzt – zurückduzen oder beim professionellen Sie bleiben? Dann lieber auf Augenhöhe fragen und ungefragt gegenduzen …

D2 ZUHÖREN

Ohren auf – das ist die wichtigste Devise im Interview. Also: Werden meine Fragen beantwortet? Und zwar so, dass ich sie verstehe? Und zwar so, dass auch die Leser*innen, die ja all mein Recherche- und Archivmaterial nicht kennen, sie verstehen?

Aktives Zuhören heißt aber nicht nur, die Laute wahrzunehmen, die aus dem Mund der Gesprächspartnerin kommen. Es heißt auch, zwischen den Zeilen zu hören, also: Welche Formulierungen benutzt unser Gegenüber? Wie meint sie das? Wie ist ihr dabei zumute? Bei welchen Themen windet sie sich, eiert, bei welchen versucht sie abzubügeln oder wird sogar ruppig oder barsch? Und auch: Welche Sprache sprechen ihr Gesicht und ihr Körper? Offen, lächelnd, unverkrampft oder grimmig, gespannt, verknotet, auf der Stuhlkante herumrutschend? Aktives Zuhören heißt: nicht am Fragezettel kleben, sondern Augenkontakt halten, die Körpersprache so aufmerksam wie möglich im Blick haben. Wir können all dies auch ansprechen und thematisieren – die Interviewpartnerin oder der Interviewpartner fühlt sich bestimmt besser verstanden und das Gespräch wird intensiver.

Vor allem aber müssen wir beim Zuhören auch mal den Mund halten, einen Tick warten können. Und nicht immer sofort, aus Angst vor unbequemen Pausen, jede Denkpause zutexten und gleich die nächste Frage hinterherschießen. Vor allem dann nicht, wenn wir das Gefühl haben: Da kommt noch was! Die Nachklappsätze, die uns die Gesprächspartnerin oder der Gesprächspartner manchmal erst nach einer kleinen Denkpause verrät, sind manchmal die besten.

Ermittlertricks

Statt beim Warten auf einen möglichen Nachgedanken dem anderen in die Augen zu starren wie zwei Cowboys beim Duell, können wir auch einfach schweigend den Blick senken und etwas in den Notizblock kritzeln – und wenn es nur die Uhrzeit, das Wetter oder sonst was ist. Alte Kripotechnik, die schon so manches Geständnis hervorgelockt hat …

D3 NACHFRAGEN

Wir müssen hellwach sein, „quasi auf der Stuhlkante sitzen", empfiehlt Regine Sylvester, die für die *Berliner Zeitung* viele schöne Gespräche geführt hat. Wenn wir also etwas nicht verstanden haben, oder auch nur wenn wir uns nicht ganz sicher sind, ob wir etwas verstanden haben: nachfragen. Wenn die Antwort mit der Frage nichts zu tun hat: nachfragen! Oder wenn die Antwort mit der Frage etwas zu tun hat, aber neue Fragen aufwirft: nachfragen!

Interviewbeispiel: Nachhaken

Der Interviewer darf, kann, muss auch mal beharrlich sein, darf auch mal über mehrere Fragen hinweg auf einer Behauptung, These, Vermutung herumkauen – selbst wenn ihn die Gesprächspartnerin, der Gesprächspartner oder das Leben widerlegt …

Aus meinem Interview mit der Autorin Meike Winnemuth (*Medium-Magazin* Juli 2013):

(…) Jedenfalls sind Sie stinkreich!
Nee.

Sie werden aber stinkreich?
Nee.

Auf Platz 16 bei Amazon – Frau Winnemuth, bitte!
Amazon sagt nichts darüber aus, wie sich das im Buchhandel umsetzt.

Ist Ihr Buch auf dem Weg zu einem Bestseller?
Scheint so. Es steht seit 13 Wochen auf der *Spiegel*-Bestsellerliste. Dort war der beste Platz die zwei.

Mit einem Bestseller wird man stinkreich.
Höchstens mit einem Megabestseller. Da reden wir über Hape Kerkeling, der verkauft ein paar Millionen.

Wissen Sie was: Sie sind a) stinkreich und b) gierig!
Total lustig. Definieren wir stinkreich. Ab welcher Summe ist man das Ihrer Meinung nach?

Stinkreich ist man, wenn man eine halbe Million bei Jauch gewinnt – und mit der Idee, die man daraus generiert, ein Vielfaches dessen verdient.
Es ist kein Vielfaches, ich schwör's Ihnen. Wenn ich pro Buch zwei Euro bekomme, macht das bei den bisher ausgelieferten Exemplaren 130.000 Euro. Natürlich ist das irre viel Geld. Aber stinkreich?

Zu wenig nachgesetzt, zu wenig nachgefasst: Das ist wohl der häufigste Fehler, der auch routinierten Frager*innen immer wieder unterläuft. Und er ist verständlich, denn wir wollen nicht als dumm gelten, als schwer von Begriff, als hartnäckig und schlecht erzogen. Aber wir müssen uns im Interview zu einer gewissen Penetranz zwingen, denn wir fragen ja im Auftrag der Leserin und des Lesers. Und die haben das Recht darauf, alles ganz genau und verständlich erklärt zu bekommen.

Wir sollten auch keine Scheu haben, ein und dieselbe Frage mehrfach zu stellen, wenn die Antwort nebulös, merkwürdig oder sonst wie nicht zufriedenstellend war. Oft ist die dritte Formulierung desselben Sachverhalts knackiger, knapper und präziser als die erste. Nur: Wenn wir das zu oft machen, können wir unser Gegenüber ermüden.

Der Held der Hartnäckigkeit

Jeremy Paxman ist die Sorte von Journalist, vor der jede Politikerin und jeder Politiker Angst hat. Mal stellt er dem britischen Innenminister 14 Mal dieselbe Frage, ob er nämlich dem Chef der staatlichen Gefängnisverwaltung die Entlassung eines Mitarbeiters angedroht habe. Mal fragt er den künftigen Bürgermeister von London, wie viel er sich die Erneuerung von Bussen kosten lassen will – zwölf Mal. Sein TV-Programm *Newsnight* hat Paxman dafür bekannt gemacht, wie hart er seine Gesprächspartner*innen rannimmt. Wer sich seine Interviews auf YouTube anschaut, stellt sich am besten ein schönes Kaltgetränk parat. Und freut sich dann darüber, mit welchem Selbstbewusstsein, mit welchem Mut und mit welcher Hartnäckigkeit ein britischer Journalist darauf drängt, dass ihm seine Frage beantwortet wird – im Interesse seines Publikums.

D4 GEKONNT KONTERN

Gegenwind

„Das ist aber eine sehr merkwürdige Frage!"

„Das ist ja mal wieder eine typische Journalistenfrage!"

„Wie kommen Sie denn nur auf diese Idee?"

„Wer soll sich denn dafür interessieren?"

„Diese Frage stellt sich gar nicht."

„Wie kommen Sie darauf, mich als XXX zu bezeichnen?"

Vor allem, wenn wir mit harten Bandagen interviewen, wenn wir konfrontativ befragen, müssen wir mit Gegenwind rechnen: Politiker*innen, Wirtschaftsgrößen und immer mehr Figuren aus der Unterhaltungsbranche lassen sich in Interviewseminaren darauf trainieren, wie sie mit Journalist*innen umzugehen haben. Und verunsichern uns ganz gezielt, damit das Interview harmloser gerät als ursprünglich gewünscht. Wir sollten uns dessen bewusst sein, damit wir nicht gleich eingeschüchtert aus den Latschen kippen, wenn uns die Gesprächspartnerin oder der Gesprächspartner aus dem Konzept zu bringen versucht.

Wir sollten in solchen Situationen genauso wenig schleimen wie ungebremst zurückkeifen. Aber wenn wir uns bewusst machen, dass wir im Auftrag der Leser*innen fragen, dass uns selbst die Antwort auf die von uns gestellte Frage interessiert, dass die Befragte aus ganz bestimmten Interessen auf bestimmte Fragen nicht antworten will und dass es grundsätzlich keine dummen Fragen gibt, sondern nur mehr oder weniger dumme Antworten, dann brauchen wir uns so schnell von niemanden einschüchtern lassen.

Mögliche Antworten, um auf Kurs zu bleiben

„Ich glaube schon, dass das eine wichtige Frage ist" oder „Die Leser erwarten eine Antwort auf diese Frage" oder „Sie weichen meiner Frage aus".
Damit behaupten wir uns, als würden wir ein Ausrufezeichen an das Fragezeichen anschließen.

„Sie würden an meiner Stelle diese Frage auch stellen!"
Setzt auf einen Gesprächspartner, der wenigstens ein Mindestmaß an Empathie hat.

„Was haben Sie eigentlich zu verbergen, wenn Sie darauf nicht antworten wollen?"
Drängt das Gegenüber in die Ecke – trägt nicht unbedingt zur Klimaverbesserung bei. Aber kann dennoch den erwünschten Erfolg erzielen.

„Diese Frage hat man Ihnen doch bestimmt in einem Interviewseminar beigebracht, oder?"
Grenzt an Unverschämtheit – aber kann bei einer erfahrenen Interviewpartnerin auch Respekt erzeugen.

D5 UNTERSCHIEDLICHE GESPRÄCHSPARTNER*INNEN UNTERSCHIEDLICH BEFRAGEN

Gesprächspartner*innen kann man in der Regel nicht an der Leine führen. Wir brauchen ein großes Maß an Selbstsicherheit und Menschenkenntnis, um Menschen im Gespräch über heikle oder unangenehme Themen zum Reden zu bringen. Jeder Pfarrer, jede Polizeibeamte, jeder Psychotherapeut weiß das. Die nachfolgenden Hinweise lassen sich also kaum antrainieren, denn sonst wirken sie auch antrainiert – und damit gar nicht.

Es schadet aber nicht, wenn wir uns einiger Mechanismen bewusst werden. Gesprächspsycholog*innen empfehlen antizyklisches Fragen, also: Den Schwafler bremsen wir am besten mit kurzen, knappen Fragen und Nachfragen. Die Schweigerin aktivieren wir, indem wir sie zum Reden einladen.

Schweiger*innen anschubsen

Bei sehr zurückhaltenden Gesprächspartner*innen oder wenn es um heikle, intime Themen geht, müssen wir die Interviewten zum Reden bringen. Das kann klappen, wenn wir:

- **mitformulieren**, also unserem Gegenüber mit Formulierungsvorschlägen auf die Sprünge helfen. Achtung allerdings: Ein Gesprächspartner kann sich bevormundet fühlen, wenn wir ihn nicht so reden lassen, wie ihm der Schnabel gewachsen ist.
- den **Erzähl-/Anekdotenmodus aktivieren**, und zwar mit offenen, einladenden, unscharfen Fragen wie etwa „Erzählen Sie doch mal, wie war das, als Sie …" oder „Erinnern Sie sich noch, wie das war, als Sie …". Formeln also, die die Gesprächspartnerin oder dazu ermuntern, sich in bestimmte Situationen zurückzuversetzen.
- **Antworten zusammenfassen** oder interpretieren, zum Beispiel: „Sie wollen damit also sagen …" oder „Das bedeutet also, dass …". Wir signalisieren damit unserem Gesprächspartner, dass wir ihm zuhören und dass wir ihn verstanden haben oder eventuell eben auch nicht, und geben ihm damit die Chance, seine Äußerungen zu präzisieren.
- **Schlüsselbegriffe wiederholen**, also einen – besonders wichtigen, emotionalen – Aspekt der Antwort aufgreifen, etwa: „Für Sie war das also „ein richtiges Drama" …".
- **klären**, das heißt nachhaken, ob wir unser Gegenüber auch wirklich korrekt verstanden haben („Verstehe ich Sie da richtig, dass …"). Besonders wichtig bei stockenden, unklaren Antworten.
- **etwas preisgeben**: Besonders, wenn wir über heikle oder gar traumatische Themen sprechen, kann sich unsere Gesprächspartnerin nackt und bloßgestellt vorkommen. Da hilft es, wenn wir Vertrauen aufbauen können, wenn wir auch etwas von uns preisgeben. Wichtig: authentisch bleiben, rein taktische Anwanzmanöver werden schnell durchschaut – und dann wird die Interviewte noch kontrollierter und noch verschlossener reden oder das Gespräch gleich abbrechen.
- **ermuntern**: Zögert der andere in seinen Antworten, ist er sich unsicher – dann können wir ihn stimulieren, indem wir verbal

bestätigen („Aha“, „Das ist ja interessant“ o. Ä.) oder nonverbal, also etwa durch Kopfnicken oder Schmunzeln.

Kompliziertes eindeutschen

Wenn unsere Gesprächspartnerin nur mit altgriechischen Sentenzen oder neudeutschen Marketingslogans um sich wirft, ist es am besten, wenn wir ihr das sagen. Und zwar am besten immer mit einer professionellen Begründung, wie etwa: „Das müssen Sie erklären“ oder „Das Fachwort verstehen vielleicht nicht alle unsere Leser“.

Schwafler*innen bremsen

Gesprächspartner*innen, die uns so vollschwallen, dass wir nicht mehr zum Fragen kommen, müssen wir an eine kurze Leine nehmen. Dazu haben wir im Wesentlichen zwei Strategien zur Verfügung: kurze, pointierte Fragen, die genau wissen, wo sie hinwollen – also öfters eben auch einmal geschlossene oder Alternativfragen. Und das Unterbrechen in seinen verschiedenen Facetten (siehe unten). Je charmanter wir dabei sind, desto weniger übel nimmt uns das Gegenüber unsere Bremsmanöver. Wunder wirken da Sätze wie: „Das ist so interessant, was Sie da erzählen, aber wir haben ja leider gar nicht so viel Zeit, und ich will so viel von Ihnen wissen …“

D6 DIE KÖRPER-SPRACHE

Robert Gernhardt dichtet (in *Siebenmal mein Körper*): *„Mein Körper ist so unsozial. Ich rede, er bleibt stumm. Ich leb ein Leben lang für ihn. Er bringt mich langsam um …"*

Gernhardt hat wie immer recht, und er redet von der nonverbalen Kommunikation: Wir sprechen nicht nur in Worten, sondern unsere Mimik und unsere Gestik reden mit! Permanent senden wir unbewusst Signale aus, die unsere Haltung gegenüber der Gesprächspartnerin oder dem Gesprächspartner verraten und andersherum! Wir können mit einem Stirnrunzeln, verschränkten Armen, Händekneten die Wirkung von Fragen verstärken und unterstreichen – oder kontrastieren und damit abschwächen. Die wichtigsten Vokabeln der Körpersprache: räumlicher Abstand (Distanz/Nähe), Stimme, Geste, Mimik, Körperhaltung.

Gerade zu Gesprächsbeginn hilft Blickkontakt beim Näherkommen, also: Augen weg vom Fragezettel. Antworten mit Lächeln und/oder Nicken quittieren. Letzteres aber nur, wenn keine Kamera das Gespräch aufzeichnet. Wer dagegen mit vor der Brust gekreuzten Armen dasitzt, der signalisiert Abwehr statt Aufgeschlossenheit.

D7 RICHTIG UNTERBRECHEN

Es fällt uns schwer, jemanden zu unterbrechen, das ist schließlich unhöflich, so wurden wir erzogen. Im Interview müssen wir unsere gute Erziehung manchmal vergessen, dürfen und müssen unterbrechen, wenn die oder der Befragte:

- labert,
- unklar in ihren/seinen Antworten ist,
- von der Frage wegführt.

Nur wie? Da müssen wir mit allen Tricks arbeiten:

- **indirektes, vorsichtiges Unterbrechen:** Mund öffnen/spitzen, tief und kurz einatmen, aufrichten, eventuell die Hand heben und zeigen, dass jetzt wir dran sind.
- **direktes Unterbrechen:** am besten, wenn die Interviewpartnerin/der Interviewpartner gerade zwei Sätze mit „und" verbinden will oder wenn sie/er Luft holt. Am besten mit kurzen Fragen, zum Beispiel „welche?", „warum?", „zum Beispiel?".
- **im Reißverschlusssystem:** Wir sprechen das zu erwartende Satzende parallel zur/zum Gesprächspartner*in aus, dann verstummt sie/er hoffentlich – und wir können wieder fragen.
- **hartes Unterbrechen:** kompromisslos in die Rede dazwischengehen, zum Beispiel „Herr/Frau Dingenskirchen …".

D8 DER ABPFIFF

Wichtig für den Eindruck, den unser Gegenüber vom Gespräch hat – und daher wichtig für die Autorisierung: der Abschluss. Wir haben nie genug Zeit, um alle möglichen Fragen zu stellen. Genau deshalb müssen WIR zum Schluss kommen, und zwar am besten in der vereinbarten Zeit; WIR müssen das Spiel abpfeifen. Das wirkt souveräner, als wenn der Pressemensch abbrechen muss, unsere Gesprächspartnerin dauernd ungeduldig auf die Uhr schaut oder das Gespräch gar schon eine Weile müde vor sich hindümpelt.

Abschließen sollten wir mit ein paar abrundenden Fragen. Wir bleiben dabei freundlich und höflich, machen Komplimente wie etwa: „Sie haben uns so viel Interessantes erzählt" oder „Jetzt wollen wir sie aber nicht länger aufhalten". Fragen uns selbst und den Interviewten: Ist alles Wichtige angesprochen worden? Und dann: Aufnahmegerät aus, nach der Rechnung fragen, die Mäntel holen. Wenn wir die Möglichkeit haben, den Gesprächspartner zur Tür, zum Auto oder wenigstens zum Fahrstuhl zu begleiten – er wird uns mögen dafür!

Wenn also beide Seiten das Gefühl haben, ein gutes Gespräch geführt zu haben, wenn beide mit guten Vibes auseinandergehen, dann flutscht später die Autorisierung umso besser. Wir sollten der Gesprächspartnerin klarmachen, dass der Text des Gesprächs kein Eins-zu-eins-Abbild des Transkripts sein kann, sondern dass wir glätten, kürzen, umstellen müssen – auch, um unserer Zielgruppe gerecht zu werden.

Am besten, wir fragen noch einmal nach und vereinbaren: Wann und mit wem ist wie zu autorisieren? Ist unsere Interviewpartnerin eventuell für Nachfragen zu erreichen? Gerade das kann wertvolle Antworten bringen.

INTERVIEWEN ALS EXTREMSPORT

Robert Scheer, der 1976 US-Präsident Jimmy Carter dazu brachte, von der schwer stillbaren Lust auf Frauen in seinem Herzen zu beichten, bekam für sein großes *Playboy*-Interview mit Carter fünf ausgiebige Audienzen über einen Zeitraum von drei Monaten. Eric Norden, ebenfalls *Playboy*-Autor, interviewte einst Hitlers Leibarchitekten Albert Speer volle zehn Tage und Nächte lang.

Diese Zeiten sind vorbei, so viel Zeit nimmt sich niemand mehr für uns. Es gibt heute so viele Magazine, Zeitungen, TV- und Radiosender, so viele Online-Portale und Podcasts. Die Nachfrage nach und die Konkurrenz um Interviews ist so groß geworden, dass sich Sportler*innen, Politiker*innen, Expert*innen und Stars heute aussuchen können, wem sie ein Interview geben und wem nicht. Und wenn, dann wann, wo, wie lange und zu welchen Bedingungen.

Und meistens sind diese Bedingungen nicht so, wie wir sie gern hätten: Statt des ausgiebigen Spaziergangs zu zweit ein Roundtable mit 15 anderen Journalist*innen; anstatt zweieinhalb Stunden 20 Minuten; anstatt Auge in Auge per Telefon oder sogar per E-Mail. Wie macht man das Beste aus solchen Situationen?

E1 DER ROUNDTABLE

Nicht alle Medienvertreter*innen bekommen mit allen Gesprächspartner*innen die Möglichkeit zum Einzelgespräch. Vor allem in den Bereichen Film und Musik kommt das Roundtable-Gespräch immer mehr in Mode.

Aber auch aus einer Runde mit vielen können wir der Leserin und dem Leser ein exklusives Gespräch vermitteln. Die wichtigste Regel: Wer früh an den Ort des Geschehens kommt, kann sich a) einen Platz ganz nahe beim zu Interviewenden erobern und sich b) mit den Kolleg*innen über Fragen oder Fragethemen abstimmen.

Die größte Schwierigkeit beim Gruppeninterview: Wir können es kaum steuern, kaum nachfassen, vielleicht sogar nur jene ein, zwei Fragen abfeuern, die uns besonders wichtig sind. Zumal vielleicht die größte Konkurrentin, der größte Konkurrent mit am Tisch sitzt und mit verschränkten Armen unseren genialen Fragen zuhören und davon profitieren kann. Aber genau das ist auch die Chance: Wir können von den genialen Fragen der Kolleg*innen profitieren!

Extra schwierig: die internationale Mischung, der Mix aus extrovertierten Italiener*innen, überhöflichen Japaner*innen und forschen Brit*innen. Extrem wichtig hier: knappe Fragen! Sonst kommen wir gar nicht erst dazu, sie zu stellen. Wenn uns ein Thema besonders wichtig erscheint, eine Antwort besonders überraschend – gute Erziehung vergessen, Ellenbogen ausfahren und nachfassen! So lässt sich ein Interview trotz Gruppenzwang beeinflussen, eventuell springen der Gesprächspartner und die Kolleginnen auf unseren Zug mit auf. Der Vorteil des Gruppengesprächs: Wir können uns, während das Aufnahmegerät läuft, bequem Notizen über Gestik, Mimik, Kleidung etc. machen. Wenn also das Gruppeninterview im babylonischen Chaos versinkt und zu wenig für ein Interview hergibt – ein Porträt können wir vielleicht dennoch aus unserem Stoff stricken.

Umbau erwünscht

Beim Roundtable ist das gesprochene Gespräch meistens noch viel weniger druckbar als in der Eins-zu-eins-Begegnung. Die Abschrift wird meist eine reine Zitatefundgrube sein, bei der Umschrift wird kaum ein Stein auf dem anderen bleiben. Zumal wir es oft im Roundtable mit ausländischen Interviewpartner*innen zu tun haben, die eh keine Autorisierung nach deutscher Sitte verlangen. Es lohnt sich also kaum, wenn wir uns vor einem Gruppeninterview den Kopf über die Dramaturgie des Gesprächs zerbrechen – sie wird uns garantiert sowieso zerschossen! Deshalb einfach präsent sein und mitnehmen, was da kommt!

E2 IM VIERTEL-STUNDENTAKT

Ein langer Flur, eine Suite, ein Star – und viele, viele Journalist*innen. 10 Minuten zum neuen Film, 15 Minuten zur neuen Platte: Häufig sind wir heutzutage nur Interviewer*innen am Fließband, werden im Viertelstundentakt bei den Prominenten durchgeschleust. Wie vermeiden wir da ein reines Zitate-Recycling, wie erhaschen wir einen kleinen, aber ehrlichen Blick auf unseren Gesprächspartner? Das ist schon Journalismus unter Extrembedingungen. Je weniger Zeit wir haben, desto wichtiger ist es, dass wir den anderen für uns interessieren. Umso wichtiger also, dass wir dem, der schon alles und gleichzeitig nichts gefragt worden ist, keine Allerweltsfragen stellen. Umso klüger ist es, sich auf einige ganz wenige Themen zu beschränken. Und umso toller, wenn es uns in dieser kurzen Zeit, unter diesen schwierigen Bedingungen gelingt, unser Gegenüber ins Herz zu treffen und ihm ein paar individuelle Antworten zu entlocken.

Interviewbeispiel: Wenn die Zeit knapp ist

So bekommen wir also zum Beispiel unsere zehn Minuten mit Andre Agassi zur Vorstellung seines neuen Parfüms. Warum reden wir nicht einfach mit ihm über die Gerüche seiner Kindheit, den Geruch des Rasens von Wimbledon und darüber, wie Steffi riecht? Zehn Minuten, 16 Fragen, 16 tolle Antworten. So geschehen im *Playboy*, 2/2004:

Wichtiger Riecher
Andre Agassi, Tennisheld und Ehemann von Steffi Graf, über die Düfte seines Lebens

Playboy: Wo riecht Tennis am besten?
Agassi: In Wimbledon. Wenn du rausgehst, das Gras spürst und seinen Geruch in der Nase hast. Am schönsten ist es, wenn es kurz vorher geregnet hat.

Playboy: Und wann stinkt Tennis?
Agassi: Ich war mal in einem Umkleideraum beim Turnier in Ostrau. Das war hart. Ich dachte, ich finde gleich eine Leiche.

Playboy: Haben Sie dann schlecht gespielt?
Agassi: Nein, ich habe das Turnier gewonnen.

Playboy: An welche Gerüche Ihrer Kindheit erinnern Sie sich?
Agassi: Speck in der Pfanne meiner Mutter, wenn sie Frühstück machte. Der Geruch von Kaffee im ganzen Haus. Popcorn erinnert mich heute noch an meine ersten Kinobesuche. Gerüche wirken fast visuell auf mich: Ich rieche etwas, und ich kann Bilder dazu sehen.

Playboy: Welche Gerüche hassten Sie als Kind?
Agassi: Benzin und Schmieröl, mit denen mein Vater die Ballmaschine am Laufen hielt. Ich kann das immer noch nicht ausstehen.

Playboy: Welche Gerüche machen Sie heute glücklich?
Agassi: Frisch gebackenes Brot. Gardenia-Blumen. Meine Frau Stefanie.

Playboy: Ist Schweiß sexy?
Agassi: Harte Arbeit ist sexy, absolut.

Playboy: Als Tennisspieler schwitzen Sie viel. Hat sich schon einmal jemand über Sie beschwert?
Agassi: Zum Glück nicht. Ich habe aber herausgefunden, dass ich schlechter rieche, wenn ich einen Tag lang nur herumsitze und keinen Sport treibe. Schwitzen reinigt.

Playboy: Sie werben für das Parfüm „Aramis Life". Waren Sie an der Entstehung des Duftes beteiligt?
Agassi: Nicht beim Mischen, aber ich habe endlos viele einzelne Düfte bekommen. Stefanie und ich haben dann die besten ausgewählt. Gurke ist drin, das klingt gut, oder?

Playboy: Wie findet Steffi den Duft?
Agassi: Sie ist keine Frau der großen Worte. Sie kommt mir sehr nahe, wenn ich ihn trage, und damit bin ich zufrieden.

Playboy: Wann haben Sie sich in Steffi verliebt?
Agassi: Wann ich es wusste, oder wann Steffi es wusste?

Playboy: Sie selbst.
Agassi: Vor zwölf Jahren. Ich sah sie und dachte: Wow. Aber sie würdigte mich keines Blickes. Jahrelang.

Playboy: Wie haben Sie das ertragen?
Agassi: Ich bin ein geduldiger Mann. Mein Motto lautet: You plan your work and then you work your plan.

Playboy: Wann haben Sie Steffi zum ersten Mal gerochen?
Agassi: Nicht vor unserem ersten Date.

Playboy: Sie haben inzwischen zwei Kinder. Wie riechen die?
Agassi: Das ist der allerbeste Geruch. Unbeschreiblich.

Playboy: Wie roch die erste volle Windel?
Agassi: Die ging noch, aber es wird schlimmer, wenn Babys anfangen, feste Nahrung zu sich zu nehmen. Noch schlimmer ist nur eines: Wenn meine Tochter mir aufs Hemd kotzt.

(Interview: Mario Vigl)

E3 DAS TELEFON-INTERVIEW

Beim Foner, wie das Telefoninterview auf Neudeutsch heißt, haben viele Menschen noch weniger Lust zu sprechen, als sie es eh schon haben. Umso wichtiger ist die Vorbereitung – auch wenn es, genauer gesagt, besonders, wenn es nur um zehn Minuten geht: Die Fragen sollten besonders kurz und konkret formuliert sein. Lieber auch hier auf eines oder einige wenige Themen mit jeweils mehreren Fragen konzentrieren, als den Gesprächspartner mit vielen Fragen zu vielen Themen zu langweilen. Ein Beispiel übrigens dafür, wie man aus einem knorrigen Gesprächspartner auf nur eine Zigarettenlänge etwas meist sehr Lesenswertes herausholt: Giovanni di Lorenzo versus Helmut Schmidt in ihren „Gesprächen auf eine Zigarettenlänge" im *Zeit-Magazin*.

Beide Gesprächspartner*innen sollten jeweils die Nummer der bzw. des anderen haben, um eventuell anrufen zu können. Klingelt es bei uns, sollten wir zumindest höflichkeitshalber einen Rückruf anbieten: Das macht einen guten Eindruck, und vielleicht kommen wir ja so an Madonnas Handynummer …

Wir sollten uns nicht auf die Technik verlassen und lieber noch mal kontrollieren, ob das Aufnahmegerät auch funktioniert. Am Telefon sollte die Anklopffunktion abgestellt sein. Bitte das Handy ausschalten – es stört uns am Ende noch die Aufzeichnung. Es schadet nie, wenn wir ein Glas Wasser parat und an die Bürotür ein Schild „Bitte nicht stören" angebracht haben.

Smile when you dial! Außerdem: Am Telefon fehlt das Nicken, das verständnisvolle Lächeln, daher sollten wir uns einen kleinen Moment zum emotionalen Aufwärmen gönnen: „Wo erwische ich Sie gerade? Wie ist das Wetter so in Los Angeles? Haben Sie gerade zu Mittag gegessen?" Oder Ähnliches. Für manche ist es Voodoo, aber manchen hilft es beim Aufbauen einer „Verbindung": ein Foto der Gesprächspartnerin vor den Augen/auf dem Bildschirm haben. Und dann, ein alter Trick aus dem Callcenter: aufstehen! So werden Atmung und Stimme freier. Schließlich ist die Stimme am Telefon das Einzige, was die Gesprächspartnerin von uns „sieht".

Während des Telefoninterviews müssen wir besonders langsam und genau sprechen. Wenn wir unsere Gesprächspartnerin oder unseren Gesprächspartner immer mal wieder namentlich anreden („Herr Williams", „Frau Madonna", „Eure Heiligkeit ...") und wenn wir immer mal wieder Telefonlaute von uns geben („Ah", „verstehe", „Hmmm"), merkt sie/er: Die Leitung steht noch, wir sind noch dran.

Ironie, Sarkasmus und ähnliche Zwischentöne funktionieren am Telefon schlecht. Denn unser Augenzwinkern oder unsere hoch gezogenen Augenbrauen kann unser Gegenüber ja nicht sehen. Also am besten möglichst geradeheraus reden! Auch wenn wir unterbrechen wollen, können wir niemandem die Hand auf den Arm legen o. Ä. – also funktioniert nur die Ansprache mit Namen plus Entschuldigung: „Entschuldigen Sie, Herr Williams" oder „Pardon, Frau Madonna" oder „Verzeihung, Eure Heiligkeit, aber ...".

E4 INTERVIEWS PER E-MAIL ODER CHAT

Woher wissen wir, dass uns wirklich unser/e Sportlerin/Autor/Musikerin/Experte/Filmstar antwortet – und nicht ihr Agent, seine Putzkraft oder ihr Hund? Und wo überhaupt bleibt hier das „Inter" im Interview? Das sind die Argumente gegen E-Mail-Interviews. Außerdem geht im schriftlichen Austausch so ziemlich jede Spontaneität, so ziemlich jeder Witz des mündlichen Hin und Hers verloren, denn die meisten Menschen können besser reden als schreiben.

Einziger Vorteil: Per E-Mail verschickte Fragen kann unser Gegenüber dann und dort beantworten, wann und wo es ihr am besten passt. Amerikanische Zeitungen machen ihren Leser*innen häufig deutlich, wenn ein Interview per E-Mail geführt wurde – die Medien hierzulande verschweigen dies meist. Aber schließlich kennzeichnen wir ja auch telefonische Interviews nicht als solche.

Beim Formulieren von Fragen ist es wichtig, dass wir uns zurückhalten: Unser Gesprächspartner soll nicht den Eindruck haben, er müsse einen riesigen Katalog an Fragen abarbeiten. Faustregel: nicht mehr als zehn Fragen oder – ausgedruckt – eine DIN-A4-Seite vorlegen. Lieber später noch einmal nachfassen. Zu jedem Thema möglichst nur eine Frage, die dafür klar und eindeutig ist, am besten mit einem offenen Ende.

Beim Chat-Interview brauchen wir eine sehr wache, schlagfertige und schreibstarke Gesprächspartnerin. Wir sollten uns also nur dann darauf einlassen, wenn wir a) wissen, dass die andere tatsächlich antwortet und wir uns b) einen Haufen an Fragen zurechtgelegt haben. In den meisten Fällen würde aber wohl gelten: Interviews per E-Mail oder Chat – nein danke!

E5 MEHRPERSONEN-INTERVIEWS

Wenn wir mehrere Personen gleichzeitig interviewen, wird unser Job gleichzeitig leichter und schwieriger: Wir müssen, wenn sich die Interviewten die Bälle zuspielen, eigentlich gar nicht mehr viel machen. Können – und müssen – uns selbst mehr rausziehen, zurücknehmen. Aber wir müssen dafür sorgen, dass Fragen auch wirklich beantwortet werden, dass jede*r auch mal drankommt. Hier besonders wichtig: sich auf wenige Themen festlegen, denn jede Frage muss ja eigentlich zwei-, drei- oder – wenn es die Stones sind – viermal beantwortet werden.

Stimmsicher

Egal ob Selbst- oder Fremdabtipper*innen (siehe übernächstes Kapitel): Wer es beim Transkribieren mit mehreren Interviewpartner*innen zu tun hat, wird sich gelegentlich schwertun. Verschiedene Stimmen, die sich unterbrechen, ins Wort fallen, nachfragen, Witzchen machen. „Hat jetzt Schauspieler A diesen Satz gesagt oder Schauspielerin B?", wird sich der Abtipper später fragen. Drei Dinge helfen, damit später niemand etwas in den Mund gelegt bekommt, was sie oder er nicht gesagt hat – oder etwas aus dem Mund genommen bekommt, was sie oder er tatsächlich gesagt hat:

1) Die Interviewpartner*innen zu Gesprächsbeginn bitten, dass sie ein, zwei Probesätze ins Mikrofon sagen („Guten Tag, mein Name ist XYZ, und dies ist meine Stimme"), und zwar möglichst in normalem Gesprächsplauderton, sonst ist später nichts wiederzuerkennen.
2) Im allergrößten Unterbrechungsgetümmel hin und wieder ein gerade geäußertes Zitat mit namentlicher Ansprache wiederholen („Sie finden also tatsächlich, Frau XYZ, dass …").
3) Und schließlich beim Verschicken des zu autorisierenden Interviews darauf hinweisen, dass möglicherweise das eine oder andere Zitat falsch zugeordnet worden sein könnte. Und die Gesprächspartner*innen darum bitten, bei der Durchsicht darauf zu achten.

„Manchmal muss man gnadenlos drübertexten" – Interview mit Anne Will

Sie fragt und mindestens einer antwortet: So arbeitet Anne Will eigentlich schon ihr ganzes Berufsleben. 1966 in Köln geboren, volontierte sie nach dem Studium (Geschichte, Politologie, Anglistik) beim Sender Freies Berlin und moderierte schon bald die Talkshow *Mal ehrlich* und den *Sportpalast*. Als erste Frau führte sie 1999 durch die *Sportschau*, dann kamen die *Tagesthemen* und seit 2007 ist Anne Will mit der politischen Sonntagabend-Talkshow gleichen Namens auf Sendung.

Frau Will, die Talkshow in Deutschland ist fest in Frauenhand. Woran liegt das?
So ist das ja gar nicht mehr, dass sie fest in Frauenhand läge, insofern fehlt mir dafür auch die Erklärung.

Sandra Maischberger, Maybritt Illner, Sie selbst – die wichtigsten Fragerunden werden von Frauen moderiert!
Mir fallen auf Anhieb aber auch einige Kollegen ein, die Talkshows moderieren: Reinhold Beckmann, Johannes B. Kerner oder Frank Plasberg, alles ausgewiesene Vertreter unseres Faches. Ich hatte immer Spaß daran, da irgendetwas hineinzugeheimnissen, aber das ist widerlegt qua Masse der Männer, die in ähnlich herausgehobenen Positionen moderieren.

Fragen Frauen anders als Männer?
Das glaube ich nicht. In der Spitze unterscheidet sich das nicht mehr, weil inzwischen jeder weiß, dass eine Technik, die da lautet „bestätigt bekommen, was ich eh schon weiß", nicht verfängt. Genau die Technik habe ich bei Männern früher oft beobachtet. Das führt aber nicht weiter in einem Interview.

Sie haben dem Spiegel 2007 in einem Interview gesagt: „Frauen sind im Fernsehen besonders begabt, weil sie in der Regel anders kommunizieren und anders Interviews führen." Das würden Sie so nicht mehr sagen?
Nein, das würde ich so nicht mehr sagen. Ich lese ausgesprochen gern etwa die Interviews von Alexander Gorkow in der *Süddeutschen Zeitung* – das ist keiner, der nur bestätigt bekommen will, was er eh schon weiß. Er lädt mit einer sehr euphorischen Art seine Gesprächspartner dazu ein zu erzählen. Insofern würde ich

meine Haltung von damals revidieren, ich glaube, das trägt mich nicht mehr so richtig weit ...

Man darf sich ja auch einmal korrigieren und etwas dazulernen im Leben ... Zu Ihrer Arbeit: Früher waren Ihre Gespräche fast immer eins zu eins, maximal drei Minuten – heute sprechen Sie meistens mit mehreren Gästen 60 Minuten lang. Was sind da die großen Unterschiede beim Fragen?

Ich bin ein Freund kurzer, knackiger, einfacher Fragen – immer nur eine Frage und nicht zwei auf einmal. Das funktioniert sowohl im drei Minuten langen Einzelgespräch als auch in der 60 Minuten langen Moderation einer Gesprächsrunde gleichermaßen. Der große Unterschied aber liegt darin, dass ich in der Runde nicht beliebig oft nachhaken kann. Ich habe bei den *Tagesthemen* gern etwas gemacht, was ich „Schraubstocktechnik" nenne: Insbesondere dann, wenn sich beispielsweise ein Politiker um eine klare Antwort gedrückt hat, habe ich in Variationen die gleiche Frage immer wieder gestellt, egal was mein Gegenüber geantwortet hat – oder beinahe egal. Das heißt: Ich habe mir die Antwort zunutze gemacht, ein Wort oder einen Teil daraus verwendet, und dann die Frage noch mal und noch mal und noch mal gestellt, wenn ich davon überzeugt war, dass das das richtige Ziel meines Interviews war. Und das kann ich natürlich nicht machen, wenn ich mit fünf Menschen in einer Runde bin. Da muss ich die Frage jeweils schnell weiterspielen an den nächsten und die Perspektive wechseln.

Was macht mehr Spaß?

Kann ich so gar nicht sagen. Es macht mir schon Spaß, wieder etwas Neues zu machen, aber die größere Intensität hat fast ein Einzelinterview. Weil ich dann als Interviewer stärker gefordert bin.

In der Runde muss ich erkennen: Wer wird jetzt die Gegenrede halten und wie bringe ich ihn dazu? Mit Fragen wie etwa: „Überzeugt Sie das?" oder „Kommen Sie da mit?" oder „Ist das auch Ihre Haltung?". Fragen, die nicht mich in aller Intensität fordern, aber die dem Gespräch helfen und darum muss es mir gehen. Ich muss mich also weiter rausziehen. Im Einzel muss ich anders präsent sein, die ganze Zeit dranbleiben, nachhaken, unterbrechen, noch mal unterbrechen, noch mal nachhaken.

Was ist schwieriger?
Beides ist schwierig. Einzelgespräche habe ich mehr gemacht, bis weit in die 2.000, so viele Sonntagabend-Talkshows habe ich ja noch nicht moderiert. Die Sonntagabend-Talkshow ist nicht so steuerbar, ich arbeite da mit mehr Unbekannten. Ich weiß schließlich nicht, wie der Einzelne reagiert, ob er in guter Form ist, ob er den Angriff fahren will, den ich von ihm erwarte. Viele Menschen reagieren noch einmal neu, wenn sie vor vier Millionen Menschen reden und „funktionieren" dann nicht mehr so, wie ich mir das erträumt hatte.

Es ist lange her, dass ich das letzte Mal im Zirkus war – aber was Sie sagen, erinnert sehr an einen Raubtierdompteur …
Ja, es hat etwas von Zirkus, es hat auch etwas von einer Theaterinszenierung mit festen Rollenzuweisungen – nur gibt es hier keinen vorher festgelegten Text. Und wenn einer nicht will, kann ich auch nicht viel machen. Ich kann es höchstens offenlegen und sagen: „Wundert mich, dass Sie dazu jetzt nichts sagen" – aber das trägt mich nicht über 60 Minuten.

Sie haben für Print gearbeitet, Sie haben Hörfunk gemacht, jetzt arbeiten Sie vor allem am Fernsehschirm – in welchem Medium ist Interview am schwersten?
Ich kann in Funk und Fernsehen sehr viel mit der Modulation der Stimme machen …

Oder mit der hochgezogenen Augenbraue …
Richtig, oder indem ich die Frage lachend vortrage, da kann man natürlich sehr viel veranschaulichen. Auch im Hörfunk kann ich etwas in die Stimme legen, man kann ja hören, ob jemand etwas ironisch fragt oder sehr ernsthaft. Man hört auch, ob der Befragte lacht, da kommt also eine Ebene dazu, die man in der Zeitung so nicht kennt. Außer man gibt Regieanweisungen wie etwa „lacht" oder „lacht noch mehr" oder man stellt einen Vortext voran, der die Situation des Gesprächs schildert, oder man rekurriert im Gespräch selbst auf Atmosphärisches. Das ist natürlich etwas mühsamer, das Fernsehen kann das sofort abbilden, das ist etwas primitiv, aber das fördert das Verstehen. Und das Fernsehen kann eben besonders gut Interaktionen abbilden: Wie jemand auf mich reagiert, ob jemand zusehends sauer wird, weil ihm die Fragen nicht passen. In der Zeitung lese ich immer besonders gern, wenn mir noch zusätzlich etwas mitgegeben wird.

Da sind Sie dann ganz Fernsehfrau, die sich gern auch ein Bild macht von der Situation des Gesprächs …
Nee, aber ich bin sehr interessiert an Gesprächen, und ich möchte gern das ganze Gespräch mitbekommen. Ich mag es, aber das hat gar nicht so viel mit meinem Medium zu tun, wenn ich die Metaebene miterzählt bekomme. Zum Beispiel: Es fällt etwas um und jemand reagiert besonders originell drauf, dann lese ich das auch gern im Nebentext.

Gibt es eigentlich ein Gespräch, auf das Sie besonders stolz sind?
Das Gespräch mit Bundeskanzlerin Angela Merkel (vom 22. März 2009) war unser erstes Einzelgespräch am Sonntagabend. Und ich fand, dass da über 60 Minuten – eine wahnsinnige Strecke – eine hohe Grundspannung blieb. Was sich auch darin zeigt, dass kaum jemand – wenn wir uns die Quoten ansehen – weggeschaltet hat. Das ist bei einem Einzelgespräch mit den so viel gescholtenen Politikern sehr selten.

Ein Gespräch, für das Sie sich schämen?
Aus den Anfängen erinnere ich mich an viele Gespräche, in denen ich Fehler gemacht habe, sei es in den *Tagesthemen* oder jetzt am Sonntagabend – irgendwas macht man ja immer mal falsch …

Zum Beispiel?
Dass ich etwas ausgelassen habe, dass ich hätte nachfassen können und es nicht getan habe. Oder ich habe drei, vier, fünf Mal nachgesetzt und es war zu viel und es nervte schon und ich hätte längst zu einem anderen Punkt kommen können und habe es nicht gemacht – also kleinere Fehlentscheidungen in der Gewichtung.

Gibt es eine Frage, von der Sie sagen würden: Die war wahnsinnig gut, richtig toll, dass ich sie gestellt habe?
Puh, das ist schwer …

Oder gab es mal eine Frage, von der Sie sagen würden: Das war ganz falsch – Stimmung, Ansatz, Richtung, hat alles nicht gepasst?
Nein, ich glaube, dass ich ein relativ sicheres Gespür für Tonlagen habe. Und das ist vielleicht auch ein Unterschied zwischen dem Einzelinterview und der Moderation einer Gesprächssendung: Ich muss ja permanent die Tonlage und auch die Perspektive

wechseln. Ich muss, wenn ich zum Sofa gehe und mit jemandem spreche, der sehr nervös und sehr ungeübt ist, viel plaudernder nachfragen, als ich das mit einem absolut geübten Spitzenpolitiker tue. Und das kann in einer einzelnen Sendung mehrfach passieren, dass ich ständig umschalten und anders fragen muss, meine Technik und das Tempo und die Geschwindigkeit meiner Fragen, auch den Druck, der hinter den Fragen steht, permanent ändern muss. Das ist immer wieder eine große Herausforderung, aber granatenmäßig danebengelegen habe ich dabei glaube ich noch nicht.

Gibt es eine Standardfrage, die Sie immer im Köcher haben und die immer wirkt? Also so eine Art Allzweckwaffe?
Es gibt so ein paar, die immer wirken …

Nämlich?
„Würden Sie das aus heutiger Sicht immer noch so sagen?" oder „Was antworten Sie darauf gemeinhin?" oder „Und was meinen Sie wirklich?" oder „Wie erklären Sie sich …?". Sehr gut sind auch Konkretisierungsfragen wie etwa: „Was soll das denn genau heißen?" oder „Ich hab's immer noch nicht verstanden!" oder „Wie würden Sie das Ihren Kindern erklären?". So was geht eigentlich immer wieder. Also in verschiedenen Variationen sagen: „Das klang irgendwie gut, war aber nicht präzise." Eine Zeit lang habe ich auch das gemacht, was Arno Luik immer macht: „Das glaube ich Ihnen jetzt nicht!" Aber das ist sehr gefährlich, denn Moderation verlangt nach Neutralität. Wenn ich sage: „Das glaube ich Ihnen nicht", dann fallen fünf Leute über mich her, dann kann ich eigentlich auch gleich nach Hause gehen …

Lampenfieber?
Habe ich nicht!

Das glaube ich Ihnen nicht!
Sehr gut! Doch, das können Sie mir glauben, ich bin kein nervöser Typ. Ich habe schon so eine gewisse Art von Konzentration, das kann man auch angespannt nennen, aber es ist kein Lampenfieber.

Nie gehabt?
Nie gehabt und das ist auch ganz gut so. Ich habe so was manchmal in einer mir unbekannten Situation. Sagen wir, ich müsste morgen im Bundestag sprechen, das würde mich nervös machen. Denn das kenne ich nicht, das kann ich nicht einschätzen, da würde ich auch kurz Atemschwierigkeiten bekommen. Aber ich habe Techniken gelernt, um so was relativ schnell wegzuatmen. Ich mag das allerdings auch, diese angespannte Konzentration, denn im Unterschied zu Ihnen kann ich ja nicht im Nachhinein autorisieren, beim Fernsehinterview muss alles sitzen. Die Frage muss ja in genau dem Augenblick auch verstanden werden – von meinem Gegenüber und auch vom Publikum.

Ein Interview ist gut, wenn …
… wenn klar wurde, was genau der Fragesteller wissen wollte. Und wenn es einen guten Umgang mit den Antworten gab, denn das halte ich sowieso für das Wichtigste: Abgesehen von der Anfangsfrage machen es nicht die Fragen aus, sondern die Antworten.

Ein Interview ist schlecht, wenn …

… wenn es eierte, wenn man gar nicht wusste: Wo soll die Reise hingehen? Wenn zwei, drei, vier Fragen auf einmal gestellt worden sind und sich der Befragte aussuchen konnte, welche ihm am angenehmsten war. Wenn nicht nachgefragt wurde, wenn Fragen offenblieben.

Wie unterbricht man?

Ganz schwierig!

Was ist so schwer am Unterbrechen?

Den richtigen Zeitpunkt zu finden. Wenn jemand sehr geschlossen antwortet, schlimmstenfalls mit „Ich hab da sieben Punkte" – dann reingehen und sagen: „Sieben interessieren mich aber nicht, konzentrieren Sie sich doch bitte auf einen": Das kann man machen, aber nicht zu oft. Denn man enthält dem Zuschauer ja dann sechs Punkte vor, die ihn vielleicht interessiert hätten. Gut ist, wenn man jemand anfassen kann, das hilft immer. Oder den Namen sagen, sich körpersprachlich einbringen. Und wenn man dann eine Frage stellt, muss man sie auch zu Ende stellen und notfalls gnadenlos über den anderen drübertexten – in der Hoffnung, dass der Toningenieur ihm den Saft abdreht und mir ein bisschen nachhilft …

Gnadenlos drübertexten: Das geht dann wohl leichter in der großen Runde als im Eins-zu-Eins?

Stimmt, das kommt sehr unhöflich im Eins-zu-Eins, denn dann ist man der einzige Störenfried. Aber auch in einem Einzel muss man hin und wieder unterbrechen, wenn es zu lang wird. Oder auch zu ausschweifend, wenn es mit der Frage gar nichts mehr zu tun hat.

Vorbilder, haben Sie die?
Nein, habe ich nicht. Aber es gibt natürlich Kollegen, die ich sehr schätze oder die ich sehr geschätzt habe, als sie noch lebten. Das war eher in meiner Ausbildungszeit, da hat man sich noch Vorbilder gesucht. Später habe ich mir eher Techniken abgeschaut.

Letzte Frage: Die gute Interviewfee kommt zu Ihnen oder der gute Interviewfeerich – und Sie dürfen mit einer Person Ihrer Wahl aus der Zeit Ihrer Wahl am Ort Ihrer Wahl ein Gespräch führen. Was wählen Sie?
Puh, darüber muss ich nachdenken … Weiß ich nicht. Obwohl, wenn ich hier so aus meinem Fenster auf das Bundesfinanzministerium gucke, diesen Nazibau: Ich hätte doch gern Jesse Owens befragt!

Was hätten Sie ihn gefragt?
Ich hätte gern gewusst, ob ihm damals bei den Olympischen Spielen 1936 in Berlin klar war, was er mit seinen vier Goldmedaillen auslöste.

(Telefoninterview des Autors)

INTERVIEWS FÜR RADIO, TV UND INTERNET

Heiner Käppeli warnt davor, dass gerade Radio- und TV-Journalisten das Interview häufig missbrauchen, um „schnell mal eben" ein Thema abzuhandeln. Statt also die Expertin, den Sportler, die Politikerin zu befragen und daraus einen gebauten Beitrag zu machen, wird ein Recherchegespräch gern zum Interview umfunktioniert – voll von Faktenfragen wie etwa: „Was steht in dem Gesetzesantrag?" oder „Wann trifft sich die Fraktion das nächste Mal zu Beratungen?". Wenn wir uns dennoch für ein Interview entscheiden, so empfiehlt Käppeli: „Der Versuch, komplexe Themenbereiche dialogisch abzuhandeln, kann unter Umständen die Form des Interviews überfordern. In solchen Fällen sollte man sich nicht scheuen, die Möglichkeiten des TV-Mediums voll auszuschöpfen. So können beispielsweise Filmeinspielungen, Grafiken oder Material vom Aufnahmeort wichtige Erklärungshilfen sein, um ein Interview zu ergänzen und das Thema verständlicher zu machen" (Haller 2001). Grundsätzlich gilt natürlich für elektronische Medien dasselbe wie für Print: Im Interview soll es nicht primär um Daten, Zahlen, Fakten gehen, sondern um Einschätzungen, Bewertungen, Meinungen.

F1 VORBEREITUNG IST ALLES

Noch stärker als im Printinterview ist die Journalistin bzw. der Journalist im Radio- oder TV-Interview Stellvertreter*in des Publikums. Schließlich sind die Zuseher*innen und Zuhörer*innen mit eigenen Augen und Ohren dabei. Am Fernsehgerät, am Autoradio oder über das Smartphone: Das Publikum ist hier quasi mit im Raum. Nur bei aufgezeichneten Gesprächen kann überhaupt nachträglich geschnitten, gekürzt, umgestellt werden; beim Liveinterview wird alles so gesendet, wie es gefragt und beantwortet wurde. Wenn unser Gesprächspartner laut wird oder kleinlaut, wenn ihm die Schweißperlen auf der Stirn stehen – oder wenn uns das passiert: Das Publikum bekommt all das mit.

Umso wichtiger ist es, dass wir uns vor zwei Todsünden ganz besonders hüten: Taubheit und Eitelkeit. Wir müssen zuhören, was uns die Gesprächspartnerin sagt und wie sie es sagt. Und was sie nicht sagt. Und wir müssen uns immer darüber im Klaren sein: Entscheidend sind nicht die Fragen, entscheidend sind die Antworten.

Auf den Ort des Gesprächs haben wir oft keinen Einfluss. Aber wenn wir die Möglichkeit haben, einen Nichtmedienprofi in vertrauter Umgebung statt unter lauter Kabeln und Kameras zu interviewen – es wird ihm leichter fallen. Dann müssen wir aber sichergehen: Wie ist das Licht, und zwar zum Zeitpunkt der Aufzeichnung/Übertragung? Könnten Störgeräusche auftreten (Kuh- oder Kirchturmglocken o. Ä.)? Oder könnten Störgeräusche, die wir gar nicht wahrnehmen, das Mikrofon beeinträchtigen (zum Beispiel Klimaanlagen)? Wenn wir uns die Fragen in kurzen, klaren Stichworten notiert haben, tun wir uns im Gespräch leichter.

Neumann oder Neumaier? Landrat und stellvertretende CDU-Kreisvorsitzende oder stellvertretender Landrat und CDU-Kreisvorsitzende? Wir sollten vorher noch mal sicherstellen, dass all die Informationen, mit denen wir unsere*n Gesprächspartner*in vorstellen und ansprechen, auch stimmen. Pannen sind unhöflich und können uns und sie/ihn aus dem Konzept bringen.

Wie ein Hochspringer nicht einfach ins Stadion kommt und gleich die 2,20 Meter springt, so müssen auch wir uns für ein Interview aufwärmen – genauer gesagt: Wir müssen die Stimme aufwärmen. Atem und Zunge sollten mit Oberkörperstretching, Kau- und Artikulationsbewegungen für das Gespräch mindestens genauso gelockert werden, wie es für das Einsprechen eines Beitrags üblich ist.

F2 AUFWÄRM-ÜBUNG: DAS VORGESPRÄCH

Die Printinterviewerin führt in der Regel kein vorbereitendes Gespräch mit ihrem Gegenüber. Warum auch?

Für Radio und TV ist das anders: Je weniger bekannt unser Interviewpartner ist, je weniger Routine er vor dem Mikrofon oder der Kamera hat, umso wichtiger ist das gemeinsame „Vorglühen“: Dem Gast die Scheu vor der künstlichen und für ihn ungewohnten Situation nehmen; Vertrauen aufbauen, darum geht es. Sich selbst und den anderen warmquatschen lassen.

Wir sollten noch einmal (er)klären: Worum geht es in dem Interview, was ist das Thema, wie lange wird es dauern? Auch damit sich der Gesprächspartner ein paar Zahlen/Daten/Fakten im Kopf parat legen kann. Noch ein kurzer Check: Stimmen Name, Titel, Funktion (noch)? Die erste Frage eventuell absprechen, vor allem bei wenig erfahrenen Gesprächspartner*innen.

Wenn wir Expert*innen oder Verbandsvertreter*innen zu einem komplizierten Thema befragen, sollten wir ihnen vorher klarmachen, dass sie auf Fremdwörter und Fachbegriffe doch bitte verzichten oder notfalls diese erklären und mit Beispielen und Vergleichen so begreifbar wie möglich machen mögen.

Für Politiker*innen oder Showfiguren sind Medienauftritte oft Routinesache, sie haben beim Interview vielleicht sogar weniger Lampenfieber als wir selbst. Aber wenn unser Gast noch nicht oder nur selten vor der Kamera interviewt worden ist, sollten wir ihm erklären, dass er nicht zu laut, nicht zu gespreizt reden darf und nicht dauernd in die Kamera schauen soll. Und, wie gesagt: Wir sollten ihm die Nervosität nehmen. Und noch mal über das Wetter reden. Oder den letzten Urlaub. Oder den nächsten.

Wir sollten aber keinesfalls schon in das Interview einsteigen und die Interviewpartnerin zu Dingen fragen, die uns wichtig sind. Sonst verschießt sie – und verschießen wir – das Pulver, ehe es losgeht. Deshalb sollte das Vorgespräch auch nicht zu lang sein, ein üppiges Fünf-Gänge-Menü ist viel zu viel für eine kurze Plauderei.

Sitzen wir bequem? Sitzt unsere Gesprächspartnerin bequem? So bequem, dass es für die nächste halbe Stunde, Stunde ausreicht? Dann kann's losgehen!

F3 ACHTUNG ROTLICHT

Die Einstiegsfrage sollte es unserem Gesprächspartner – wenn er nicht ein ganz abgebrühter Knochen ist – leichtmachen. Denn wenn er sich bei der ersten Antwort nicht verheddert, dann passiert ihm das wahrscheinlich auch später nicht mehr.

Im Printinterview können wir uns durchaus auch mal Momente der Plauderei erlauben. Kann man ja nachher wegredigieren. Ein Radio- oder TV-Interview muss immer Zug haben, straff und zielorientiert geführt werden. Besonders wichtig daher: kurze und unmissverständliche Fragen. Mit verschachtelten Bandwurmfragen machen wir es dem Gegenüber unnötig schwer – oder unnötig einfach und sie oder er kann munter ein allgemeines Blabla abseiern. Die Leidtragenden sind die Zuhörer*innen.

Wir müssen das Gespräch thematisch strukturieren. Es gibt hier keine Zwischentitel oder herausgestellten Zwischenzitate wie im Print. Übergänge, Themenwechsel sollten wir mit Sätzen wie „Lassen Sie uns doch einmal über X reden …" deutlich machen – für die Gesprächspartnerin und den Gesprächspartner, aber auch für die Zuhörer*innen und Zuschauer*innen.

Gerade bei längeren Antworten kann ein Zusammenfassen der Antwort oder die Wiederholung von Kernaussagen dem Publikum dabei helfen, am Ball zu bleiben. Und der Gesprächspartnerin/dem Gesprächspartner wird so signalisiert, dass der Frager die Antwort verstanden hat – oder eben nicht …

Die Leser*innen eines gedruckten Interviews bekommen in der Regel nicht mit, wann und wie oft und wie wir unsere

Gesprächspartner*innen unterbrechen – anders ist das in den elektronischen Medien. Wir fallen dem Publikum schnell auf den Wecker, wenn wir unserer Gesprächspartnerin/unserem Gesprächspartner zu häufig und zu früh ins Wort fallen. Aber wenn sich die oder der Befragte verstiegen hat, wenn sie oder er sich in Fahrt geredet hat und die Sendezeit dahinschmilzt – dann müssen wir das Wort ergreifen und sie bzw. ihn unterbrechen. Eine Möglichkeit, der Gesprächspartnerin/dem Gesprächspartner ins Wort zu fallen, die natürlich nur Radio- und TV-Journalist*innen haben: das Mikrofon wegziehen …

Wenn wir mit dem Kopf nicken, wenn wir mahnend die Hand heben, wenn wir die Augenbrauen hochziehen oder wenn wir unsere Stimme nur mit ein bisschen Ironie würzen – mit all diesen Signalen beeinflussen wir unsere Gesprächspartner*innen und damit das Gespräch. Wir können diese Signale weder beliebig steuern, noch können wir uns so ohne Weiteres eine bestimmte Mimik oder Gestik an- oder abtrainieren. Denn wenn wir körpersprachlich mit gespaltener Zunge reden, bekommen das unsere Interviewpartner*innen und das Publikum mit. Authentisch und buchstäblich selbstbewusst, das ist also das beste Rezept.

Apropos Körper: Bei Fernsehaufnahmen müssen Interviewer*in und Interviewte*r meist viel näher zusammenrücken, als wir das im Alltag gewohnt sind. Gerade wenig erfahrene Gesprächspartner*innen können darauf abweisend reagieren. Deshalb sollten wir ihnen vorab erklären, dass und warum wir ihnen auf die Pelle rücken müssen.

Wir sollten vorher auch unsere Kleidung – und gegebenenfalls die der Interviewpartnerin/des Interviewpartners – auf TV-Tauglichkeit checken: Ist die Frisur halbwegs so, wie sie sein soll? Hängt der Krawattenknoten ungefähr da, wo er hängen soll? Schon beim morgendlichen Griff in den Kleiderschrank sollten wir lieber zu Dunkel greifen als zu glänzender, stark reflektierender Kleidung. Und lieber keine allzu krassen Hell-Dunkel-Kontraste oder feine Muster – die fangen sonst an zu flimmern.

Wenn wir sprechen, zumal vor der Kamera oder dem Mikrofon, ist die Grammatikprüfung abgeschaltet, es gibt keine Korrekturtaste, und den Duden haben auch die wenigsten von uns eingebaut. Ähs und Öhs und Ähms lassen sich kaum vermeiden, wir wiederholen uns, sprechen Sätze nicht zu Ende oder anders als zu Beginn noch geplant. All das fällt den Zuhörer*innen nicht unbedingt auf. Dafür bekommen sie – im Unterschied zum Printinterview – live mit, wie sich bei Fragenden und Befragten die Gedanken formen. Wenn wir aber darauf achten, möglichst kurze, einfache Sätze zu sprechen, ohne komplizierte Konstruktionen und ohne Fremdwörter, dann machen wir es allen leichter: der Gesprächspartnerin, dem Gesprächspartner, dem Publikum und uns selbst.

„Print ist viel einfacher" – Interview mit Wolfgang Heim, SWR Leute

Als Astronaut wollte man ihn nicht haben, mit der Karriere als Popstar klappte es auch nicht recht – so wurde Wolfgang Heim eben Journalist. Heim, 1955 in Offenburg geboren, moderierte von 1988 bis 2022 die Interviewsendung *Leute*, die sechs Mal pro Woche auf SWR1 gesendet wurde und teilweise auch als Wiederholung im SWR-Fernsehen zu sehen war.

Herr Heim, Sie verdienen Ihr Geld damit, vor laufendem Mikrofon mit Leuten zu plaudern. Warum haben Sie keinen anständigen Beruf gelernt?

Das habe ich mich auch schon oft gefragt. Aber im Lauf der Jahre habe ich an dieser schrägen Form, mein Leben zu gestalten, so viel Spaß gefunden, dass ich irgendwann dachte: Jetzt ziehst du das vollends durch … Nein, im Ernst: Ich hatte mal auf Lehramt studiert und dann in einem Praktikum gemerkt: Das ist überhaupt gar nichts für mich. Da war ich gezwungen, über etwas anderes nachzudenken, und so kam ich auf den Journalismus. Und bin damit glücklich geworden!

Wobei Sie als Lehrer wahrscheinlich nicht so oft unterbrochen werden wie als Interviewer …
Ja, dafür habe ich es als Moderator in der Regel mit einem Gast zu tun, mit dem ich ganz anders kommunizieren kann als mit einer Klasse von 25 oder 30 Schülern, die eh keinen Bock haben …

Und Sie müssen keine Noten geben!
Genau, noch ein Vorteil. Das macht dann der Zuschauer oder der Zuhörer.

Der Reporter muss für seine Recherchen raus ins Leben, da wo's stinkt, da wo's knallt, da wo's kracht. Sie sitzen den ganzen Tag am Schreibtisch. Ist das überhaupt Journalismus, was Sie machen?
Ich denke schon! Der Reporter leistet seinen Beitrag zum Journalismus, aber was wir machen, gehört auch dazu. Das fängt damit an, dass man sich sorgfältig und gewissenhaft auf einen Gesprächspartner und auf ein Gesprächsthema vorbereitet. Und das endet damit, dass man in der Livesendung auch die journalistischen Kriterien anlegt und abruft, die von Bedeutung sind.

Welches war das beste Interview Ihres Lebens?
Ich habe mit dieser Frage gerechnet – aber ich kann beim besten Willen keinen einzigen Namen nennen. Ich habe diese Sendung inzwischen sicher 2.000 Mal moderiert, und da kommt so viel zusammen, dass ich nicht einen einzelnen Gesprächspartner

herausziehen kann. Es gab so viele Extremsituationen, die auch etwas Anrührendes hatten, die will ich jetzt nicht gewichten. Wenn Sie mich fragen würden: Was war die schlimmste Sendung, dann würden Sie es mir viel leichter machen.

Dazu gleich. Aber noch mal nachgefragt: Gibt es eine Type, die Ihnen besonders liegt oder gelingt – der schweigsame Sportler oder die extrovertierte Filmschauspielerin? Ist es mit dem Süddeutschen einfacher als mit dem Norddeutschen, mit Männern einfacher als mit Frauen?
Ich habe immer ein Faible gehabt für Menschen, die ein ganz anderes Leben leben als ich. Die Risiken eingehen, die ich nicht eingehe. Die eine Lebenskonsequenz haben, die ich auch nicht habe. Und das finde ich immer sehr spannend. Bei diesen Menschen bin ich sehr wach, frage viel, und dann kommt auch viel zurück.

Können Sie auch gute Interviews führen mit Menschen, die Sie nicht mögen, die Sie gering schätzen oder die Sie vielleicht sogar verachten?
Das ist sicher schwieriger, aber das ist möglich. Mir fällt ein Beispiel ein: Ich habe vor einigen Jahren eine Sendung gemacht mit einem Typen, der in der New Economy hochgespült wurde. Er hatte seinen neuen protzigen Reichtum in der *Bild*-Zeitung wirksam vermarktet, saß dann im Knast. Und Jahre später kam der immer noch mit diesem protzigen Gehabe, extrem unsympathisch. Ich habe dann versucht, mit dem Stilmittel der Ironie diese Antipathie so zu formulieren, dass jemand, der zuhört, das auch mitbekommen konnte. Aber ohne dass man es selber in der Sendung sagt. Damit würde ich meine Rolle sprengen. Es geht ja darum, dass da ein journalistisch sauberes Gespräch herauskommt.

Jetzt also die Frage: Ihr schlimmstes Interview?
Das waren drei. Erstens Will Tremper, ehemaliger Journalist. Ich wusste, dass der politisch eher rechts ist und dass er in seinem persönlichen Umgang nicht zu den Angenehmsten zählt. Aber dass er ein Nazi ist, das wusste ich nicht. Und als solcher hat er sich in der Sendung geoutet, was zur Folge hatte, dass ich die Sendung abgebrochen habe. Das erste und einzige Mal. Zweites Beispiel: Sudel-Ede, Karl-Eduard von Schnitzler, der den „Schwarzen Kanal" moderiert hat, ehemaliger Chefpropagandist der untergegangenen DDR. Ein verbohrter, verbitterter Altstalinist, aber immer noch rhetorisch brillant. Mit dem habe ich mich so gezofft, dass die Sendung mehrfach am Rande des Abbruchs stand. Drittes Beispiel: eine sehr bekannte Triathletin, die nicht sprach. Eine ganz nette, tolle Sportlerin – aber sie sagt nur „ja", „nein", „weiß nicht" und „kommt drauf an". Und damit hast du über zwei Stunden ein ganz massives Problem als Moderator.

Und die haben Sie nicht zum Sprechen gekriegt?
Nein, das ist mir nicht gelungen. Entsprechend schwierig war die Sendung.

Was war Ihre beste Frage?
Da gibt es keine – es gibt auch umgekehrt keine, die mir besonders peinlich wäre. Ich habe etliche Sendungen gemacht, wo ich nicht gut war, unkonzentriert war, wo ich zu wenig zugehört habe, vielleicht mal in die falsche Richtung gegangen bin. Aber ich kann es nicht an einer einzelnen Formulierung festmachen, weder im Guten noch im Schlechten.

Haben Sie Standardfragen?

Ich versuche das natürlich zu vermeiden und in jedem Gespräch anders zu fragen. Aber ich weiß auch, dass es nicht immer gelingt, den Journalismus neu zu erfinden und die Gesprächsführung neu zu erfinden. Daher gibt es Fragen, einzelne Floskeln, die man immer wieder benutzt. Hin und wieder macht man mich auch auf so etwas aufmerksam …

Zum Beispiel?

Mir hat vor ein paar Jahren jemand geschrieben, ich würde immer diese alte und abgewetzte Formulierung „jemand ist in Lohn und Brot" benutzen. Und dann habe ich nachgedacht und wusste: Er hat recht. Seitdem benutze ich sie nicht mehr.

Über 2.000 Gespräche mit – ja, wie vielen Menschen? Interviewen Sie alle nur einmal?

Nein, es gibt schon Wiederholungen, dadurch, dass ich die Sendung schon so lange mache. Zum Beispiel: Reinhard Mey kenne ich seit 20 Jahren, wir machen alle zwei bis drei Jahre eine Sendung zusammen, das ist ein durchaus vertrauensvolles Verhältnis. Er weiß, wie ich denke, ich weiß, wie er tickt. Man muss nicht immer bei null anfangen.

Dennoch: Über 2.000 Sendungen mit dann eben ein bisschen weniger als 2.000 Gästen – da langweilt man sich doch auch mal, oder?

Es gibt zugegebenermaßen Sendungen, die mache ich, und der jeweilige Mensch interessiert mich gar nicht über alle Maßen. Und dann wird es dennoch manchmal eine ziemlich gute Sendung. Aber fragen Sie mich jetzt bitte nicht nach einem Beispiel …

Zum Beispiel?
Mal nachdenken, doch mir fällt einer ein: Roman Schatz. Ein verkrachter Student, der sich in eine Finnin verknallte, mit ihr nach Helsinki gegangen ist. Der konnte kein Wort Finnisch – und ist heute in Finnland ein Fernsehstar mit eigener Sendung. Wir haben eine wunderbar witzige Sendung zusammen gemacht.

Ein Interview ist gut, wenn …
… es für die Zuhörer und Zuschauer ein Gewinn ist. Wenn sich ihre eigene Einschätzung eines Gesprächspartners verändert hat, wenn sie einen Menschen oder ein Thema aus einem neuen Blickwinkel betrachten.

Ein Interview ist schlecht, wenn …
… ich schon während des Gesprächs das Gefühl habe, die Uhr geht sehr langsam auf 12:00.

Was ist leichter, ein Interview zu führen für Print oder für elektronische Medien?
Ich glaube, Print ist viel einfacher. Da ist zum Beispiel die Stimme, ganz existenziell im Hörfunk! Es vermittelt sich im Radio so viel über Stimme, wenn einer eine schöne Stimme hat …

Haben Sie eine schöne Stimme?
Das kann ich nicht beurteilen. Es gibt Leute, die glauben, sie sei ganz o. k. Jedenfalls: Wenn jemand so redet, dass er einen andern fesselt, dann ist das schon die halbe Miete. Die Art und Weise, wie jemand redet – umständlich, langsam, mit Pausen –, das können Sie im Print alles rausnehmen. Im Radio: undenkbar. Ich glaube daher, Radiointerviews sind die schwersten. Alles ist live, es gibt keine Form der Korrektur. Einen Tick einfacher ist Fernsehen.

Inwiefern?

Ich habe mal eine Sendung gemacht mit einer Autorin, die rhetorisch nicht der Knüller war. Eigentlich war die Radiosendung nicht besonders gut, aber dann habe ich das im Fernsehen gesehen, und es war plötzlich eine gute Sendung: weil diese Frau so toll aussah. Dabei hat sie dasselbe gesagt wie im Radio …

Ein paar technische Fragen: Wie bereiten Sie sich auf ein Interview vor?

Es gibt eine Form von Übervorbereitung, und die sollte man tunlichst vermeiden. Es gibt Kollegen, vor allem am Anfang des Berufslebens, die denken sich: „Oh Gott, ich weiß nicht genug!" Oder, ebenfalls psychologisch verständlich, die Angst: „Mir fallen keine Fragen ein." Das ist aber Blödsinn! Wenn man zuhört, vermittelt sich das dem Gesprächspartner. Und er reagiert auch anders als auf ein Gegenüber, das nur seine Fragen abarbeitet und gar nicht zuhört. Einen Blackout zu haben, dass einem dann keine Fragen mehr einfallen – das tritt in der Realität so gut wie nie ein. Ich kenne kein Beispiel aus dem Radio oder aus dem Fernsehen, wo man bemerkt hätte: „Ah, er hatte keine Fragen mehr."

Interviews also aus der Hüfte schießen?

Nein, natürlich muss man sich vorbereiten und schauen, was ist der Gesprächspartner für einer, was hat der für eine Biografie. Aber ich muss beim Politiker nicht wissen, dass er zwischen 1978 und 1981 mal Ministerialdirigent im nordrheinwestfälischen Agrarministerium war. Es ist auch ganz gut, wenn man nicht alles weiß. Denn wenn ich schon alles weiß, muss ich im Gespräch die Neugierde spielen.

Vorformulierte Fragen oder Stichpunkte?
Zahlen, Daten, Fakten, das schreibe ich mir auf, so was sollte stimmen. Auch Name und Funktion des Gesprächspartners – da habe ich so eine Schwäche … Aber nie ausformulierte Fragen. Ein Gespräch ist ein Gespräch.

Das Vorgespräch – was tun, was vermeiden?
Vermeiden alles, was mit dem Gespräch hinterher zu tun hat. Und alles tun, um so etwas wie ein freundschaftliches, vertrauensvolles Verhältnis mit dem herzustellen, mit dem man anschließend die Sendung macht. Ich bin ja darauf angewiesen, dass der Gast sich öffnet, dass er nicht zumacht. Andersherum ist der Gast auch von mir abhängig, dass ich nicht die allerblödesten Fragen stelle und auf das eingehe, was er sagt. Das heißt: Beide gehen erst einmal positiv gestimmt auf den jeweils anderen zu. Also redet man über das, was am Wochenende passiert ist, wie das Hotel war, wie der letzte Urlaub war. Nix Wichtiges, ganz Banales, Alltägliches, aber nicht das eigentliche Thema und schon gar nicht: vorher die Fragen absprechen!

Gesprächspartner, die ausweichend sind, Gesprächspartner, die sehr weitschweifig reden: was tun?
Unterbrechen ist schwierig, weil es bei Hörern und Zuschauern nicht gut ankommt – aber manchmal ist es notwendig. Das muss man intuitiv machen, dafür gibt es kein Rezept. Genauso schwierig: Gesprächspartner, die auf präzise Fragen unpräzise antworten. Es gibt manche Politiker, die da ein großes Talent zu haben. Dann muss man eben den Mut haben, die Frage noch mal zu stellen und wenn es sein muss, ein drittes Mal, mit dem Hinweis

darauf, dass die Frage nicht beantwortet wurde. Roger Willemsen beherrschte das meisterhaft, er hatte die Fähigkeit, mit großer Freundlichkeit sehr harte – und wenn es sein musste, auch sehr böse – Fragen zu stellen. Das ist eine Kunst: Man kommt sehr sympathisch rüber und erfüllt trotzdem die Anforderungen an einen guten Moderator.

Wie würden Sie Ihren eigenen Interviewstil charakterisieren? Sind Sie ein Streichler, ein Boxer, ein Therapeut?
Je nachdem, von allem immer mal ein bisschen. Aber wenn ich es auf einen Begriff bringen müsste, dann würde ich sagen, dass ich Interviews eher intuitiv führe. Nicht in dem Sinne, dass ich mein Hirn ausschalte, aber dass ich sehr nach meinen Gefühlen gehe. Ich kann das jetzt nicht besser beschreiben.

Muss man immer lieb sein im Interview?
Nein.

Möchten Sie gemocht werden von Ihren Interviewpartnern, ist Ihnen das wichtig?
Nein.

Und von Ihrem Publikum?
Auch wenn es ein paar Leute gibt, von denen ich weiß, dass sie meine Sendung immer wieder hören: Das Publikum ist ja eine große anonyme Masse. Und von einer anonymen Masse geliebt oder gemocht zu werden, das ist ein schwieriges Konstrukt.

Die gute Interviewfee kommt und bietet Ihnen ein Gespräch mit der Person Ihrer Wahl aus der Zeit Ihrer Wahl am Ort Ihrer Wahl. Wen nehmen Sie?

Natürlich könnte ich jetzt ein paar Namen raushauen: Jesus Christus, Che Guevara, Stalin, Hitler. Aber es gibt nicht den einen, den ich, um die Welt zu verstehen, unbedingt, unbedingt, unbedingt erleben wollte.

(Telefoninterview des Autors)

VOM GESPROCHENEN ZUM GESCHRIEBENEN

„Interview", sagt André Müller, „ist ja ein Spiel, auf das man sich verabredet. Mir ist das auch völlig wurscht, ob der die Wahrheit sagt, Hauptsache, es klingt gut. Es muss nur ein guter Text sein. Mein Ehrgeiz ist: Es soll so aufgebaut sein, dass man nicht aufhören kann zu lesen".

Er hat recht, am Ende muss das Interview ein guter Text sein – das mündliche Gespräch ist nur der Steinbruch dafür: Niemand redet wie gedruckt und niemand fragt wie gedruckt. Kaum eine Unterhaltung hält eine Dramaturgie, die angemessen wäre für ein Interview in Schriftform. Also müssen wir schneiden, glätten, umstrukturieren, ummontieren, zusammenfügen und auseinanderreißen – wie beim Film der Cutter, der im Schneideraum aus der Rohmasse seines Drehmaterials einen Film bastelt. Ein gut verschriftlichtes Interview ist weniger authentisch (korrekte Wiedergabe des tatsächlich Gesagten) als attraktiv (für die Leser*innen). Die Wahrheit des Gesprächs muss durch das Redigieren konzentriert und kondensiert werden für die Schriftfassung.

G1 ALS ZWEITES KAM DIE SCHRIFT

Zugegeben, das ist die Luxus- und Ausnahmesituation: Aber in manchen Redaktionen werden noch Schreibkräfte, Stenograf*innen oder Abtippdienste dafür bezahlt, dass sie das auf Band oder Rekorder Festgehaltene abtippen. Abtippen lassen kostet Geld und spart Zeit. Selbst abtippen spart Geld und kostet Zeit. Aber: „Nur beim Hören wird das Gesprochene nochmals mit Inhalt gefüllt, denn die Eins-zu-eins-Abschrift des Gesagten ist auch nicht die Wahrheit. Es gibt immer dazwischen noch mal so einen Teil, der dazu muss. Das, was der Sprecher gemeint, aber vielleicht nicht genau so gesagt hat." Diese Erfahrung hat Moritz von Uslar in vielen Gesprächen als Interviewer für *SZ-Magazin* und *Spiegel* gemacht. Wer das Gespräch noch einmal nacherlebt, die Stimmen und die Stimmungen nochmals vom Band abhört, weiß bei möglichen Unklarheiten viel besser, wovon die Rede war. Eine Faustregel: Bei bis zu einer halben Stunde Gespräch ist Selbstabtippen die effizientere Lösung.

Grundsätzlich ist es sinnvoll, das Transkript eines Gesprächs und das dann für den Druck vorzubereitende Interview als zwei eigenständige Etappen zu begreifen. Wer selbst vom Band abtippt, sollte also ein eigenes Dokument für das Transkript und erst später ein zweites für den eigentlichen Interviewtext anlegen. So bleibt möglichst viel von dem Gespräch erhalten. Je mehr Material wir abtippen und je weniger wir bei der Transkription zensieren, desto mehr Baumaterial haben wir später zum Beispiel für thematische Brücken und Übergänge zur Verfügung. Stoff, der sich außerdem später einmal in einem anderen Text, in einem anderen Zusammenhang verwenden lässt – und wenn auch nur als Hintergrundmaterial.

Technikträume

Ein Programm, das jedes aufgezeichnete Gespräch – egal mit wem, egal in welcher Sprache, egal in welcher Tonqualität – verschriftlicht, in ein Textdokument umwandelt und dabei die Ähs und Öhs tilgt: Diese Software muss erst noch geschrieben werden. Aber zumindest in diese Richtung geht es mit Spracherkennungssystemen wie Dragon Naturally Speaking: Das Programm wird auf eine oder mehrere Stimmen trainiert und wandelt dann Stimme zu Text um – entweder direkt am Computer gesprochen oder Diktatdateien. Mit Stimmen, die das Programm nicht kennt und/oder die in schlechter Tonqualität aufgezeichnet sind – also etwa an einem Cafétisch, an dem Espressolöffel gegen Espressotassen scheppern – kann es kein verwertbares Resultat zaubern. Was aber möglich ist – ich habe es probiert: Wir hören per Kopfhörer das Interview ab und sprechen es gleichzeitig in entweder eine neue Aufzeichnungsdatei, die dann von der Sprachumwandlungssoftware zu Text gemacht wird, oder direkt in den Computer. Wer ein bisschen Übung darin hat, mit dem Programm zu sprechen, und das Programm auf die eigene Stimme trainiert hat, kann erstens das ganze Interview noch einmal durchhören und kommt zweitens viel fixer und angenehmer zu einem Textdokument, als wenn sie oder er alles abtippen müsste. Das, drittens, auch nur so viele Ähs und Öhs enthält, wie der Einsprecher beim Einsprechen eingesprochen hat …

G2 UMGANGS-SPRACHE VEREDELN

„Umgangssprache, Halbsätze, typische Verbal-Satzkonstruktionen – alles kann im Einzelfall ein Stilmittel sein, darf den Text aber nicht prägen, weil irgendwann die Lesbarkeit leidet."

ANDRÉ BOSSE (CHEFREDAKTEUR DES INTERVIEWMAGAZINS *GALORE*)

Es gibt Menschen – darunter vor allem deutsche Jungschauspielerinnen – die irgendwie manchmal schon auch ein bisschen finden, dass – kennen wir ja alle – hin und wieder mal ein bisschen, äh, tja, also, vielleicht: Relativierungen? Ja, Relativierungen einem geschriebenen Text – nun ja, irgendwie schon auch ein bisschen guttun. Deshalb redigieren sie in den Text, den wir ihnen zur Autorisierung schicken, noch das eine oder andere „ein bisschen", „ich würde sagen" etc. hinein. Sie sind aber die große, große, große Ausnahme.

Die allermeisten Menschen würden vor Schreck kreidebleich werden, wenn sie das, was sie tatsächlich in einem Gespräch gesagt haben, schwarz auf weiß vor sich lesen müssten: Sätze werden drei-, vier- fünfmal angefangen, und zwar jedes Mal anders. Es wird gestottert, ge„öht" und ge„äht", es werden Wörter, Namen, Zahlen, Daten verwechselt und so weiter. Daraus einen lesbaren Text zu machen, ein Interview, das den Leser*innen Spaß macht und ihnen Neues verrät – das ist die Aufgabe der Journalistin/des Journalisten, wenn sie/er aus einem Gespräch ein geschriebenes Interview macht.

Wie gesagt: Ein gedrucktes Interview kann nie das Spiegelbild eines mündlichen Gesprächs sein. Begrüßungs- und Höflichkeitsfloskeln würden die Leser*innen langweilen, unvollendete Sätze sie vor Rätsel stellen, Fehler im Satzbau und in der Wortwahl irritieren. Wir müssen daher, wenn wir aus dem Transkript einen Interviewtext machen:

- Fragen umstellen,
- Fragen einschieben, um längere Antworten zu gliedern,
- erklärende Fakten aus den Antworten in Fragen oder Einschübe umformulieren,
- Fremdwörter und Fachbegriffe tilgen oder erklären,
- unvollendete Sätze vollenden,
- Weitschweifigkeiten, Wiederholungen etc. eindampfen,
- und allgemein: das Interview von all dem ganz normalen Schwachsinn gesprochener und gefragter (!!!) Rede entrümpeln.

Schließlich soll das geschriebene Interview ein Best-of des tatsächlich geführten Gesprächs werden. Wir haben also abgetippt oder abtippen lassen: Jetzt sitzen wir vor der Abschrift und wollen daraus ein geschriebenes Interview machen.

Papier hat so seine Vorteile gegenüber dem Bildschirm. Man kann es zum Beispiel bemalen. Also ist es am sinnvollsten, wir drucken unser Transkript aus und halten verschiedenfarbige Marker sowie Schreibstifte und ein separates Blatt Papier parat. Darauf sollten wir notieren: Welche Passagen wären gut für den Einstieg? Welche wären mögliche Ausstiege? Welche Zitate eignen sich für die Überschrift? Und welche für mögliche Zwischenüberschriften? Welches Zitat ist so überraschend, brisant, witzig, dass es die Nachrichtenagenturen auf Draht geben und/oder andere Medien drucken könnten?

Beim ersten Durchlesen des Transkripts sollten wir überlegen: Was könnte ein thematisch roter Faden sein? (Kann, muss aber nicht dem vorab geplanten entsprechen!) Ein paar Seiten Abschrift lassen sich noch am PC eindampfen. Bei längeren Transkripten: ausdrucken, wichtige Passagen markieren und alles komplett neu schreiben. Ist schneller. Und eliminiert Wiederholungen und Füllwörter („eigentlich", „doch", „irgendwie").

Abrissbirne, Axt, Arztskalpell

Beim Kürzen und Redigieren sollten wir unsere Instrumente nach folgendem Prinzip nutzen: Erst die Abrissbirne, dann die Axt und erst zum Schluss das Arztskalpell. Also: Welche Themen-/Fragenkomplexe waren unergiebig und können gleich ganz raus? Dann sind einzelne Fragen/Antworten innerhalb der Themenkomplexe zu kürzen. Und erst zuletzt ist es sinnvoll, innerhalb einzelner Fragen und Antworten einzelne Sätze zu verknappen und zu verdichten.

G3 SPRACHE IM INTERVIEW

Bei Reportagen sucht jede Autorin/jeder Autor den eigenen Sound. Interviews aber werden häufig blassredigiert. Dabei gehört doch die Sprache der/des Interviewten (schroff oder charmant, gewählt oder gossig) zur Figur dazu, macht sie rund und sollte daher zumindest ein Stück weit erhalten bleiben. Schimpfwörter, leichte mundartliche Färbungen, Umgangsgrammatik, Wortneuschöpfungen, also all das, was die Schlussredaktion gern herausstreicht, lohnt ein Nachdenken: Mache ich die Gesprächspartnerin/den Gesprächspartner fassbarer, plastischer, wenn ich dies erhalte? Oder blamiere ich sie oder ihn schwarz auf weiß mit den gesprochenen Fehlern? Insbesondere wenn es anschließend zu autorisieren gilt, sollten wir bedenken: Je mehr sich die Gesprächspartnerin oder der Gesprächspartner „vorgeführt" fühlt, desto stärker wird sie oder er in den Text eingreifen (lassen).

Lieber ohne Krücken

Ein gutes Interview liest sich zwar wie gedruckt – lässt aber doch hören, dass dort Menschen miteinander gesprochen haben, miteinander gelacht und gestritten und vielleicht auch miteinander geflirtet haben. Das aber müssen die Sprache und die Dramaturgie des Interviews von allein schaffen. Wer auf Regieanweisungen setzt (zum Beispiel: „lacht" oder „kratzt sich am Kopf" oder „schmunzelt"), setzt auf Krücken. Ein gutes Interview aber braucht keine Krücken, sondern läuft auf eigenen Beinen.

Allgemein gelten für die Sprache des Interviews dieselben Regeln wie für alle anderen journalistischen Texte: Sie sollte klar, verständlich, präzise sein – und gern auch unterhaltsam. Das gilt für die einzelnen Wörter, für den Satzbau und für den Text als Ganzes. Fremdwörteritis, Behördendeutsch, ständige Wiederholungen, PR-Sprech oder unverständliches Experten-Blabla wollen wir nirgends in der Zeitung lesen, nicht im Kommentar, nicht in der Reportage, nicht im Porträt. Und im Interview erst recht nicht.

Lost in Translation

Die französische Filmschauspielerin, der argentinische Diego-Maradona-Fan, die US-amerikanische Sicherheitsexpertin: Wer in einer Fremdsprache ein Interview geführt hat und es ins Deutsche übertragen muss, steht vor unterschiedlichen Schwierigkeiten. Sie oder er muss a) das Gesagte korrekt wiedergeben und dies b) in lesbarer Sprache, die das deutsche Publikum versteht. Meist eine Zwickmühle. Im Zweifelsfall aber müssen wir uns auf die Seite der Leser*innen schlagen und ihnen eine Version vorlegen, die sie verstehen. Anglizismen (wie etwa „die neue US-Administration") oder entsprechende Übersetzungsfaulheiten aus anderen Sprachen gehören gnadenlos herausredigiert!

So wie wir uns eine Reportage oder einen Kommentar nach dem Schreiben laut vorlesen sollten, um zu hören, wie der Text klingt, sollten wir das auch mit Interviews tun. Nein, eigentlich ist es mit Interviews noch wichtiger, denn hier geht es ja um die Wiedergabe eines Gesprächs! Deshalb also beim lauten Lesen zuhören: Wo klingt es sperrig? Wo sind die Sätze so lang, dass uns beim Vorlesen zwischendurch die Luft ausgeht? Wo klingt das Interview zu wenig oder zu sehr „gesprochen"?

Gesprochene Rede

Man liest solche Dinge gelegentlich in Interviews, häufig mit Musiker*innen, und dann fast immer mit Engländer*innen oder US-Amerikaner*innen:

„Und dann sagt Jeff zu mir: „Weißt du, was wir mal machen sollten?"

Und ich sage zu Jeff: „Nö, keine Ahnung."

Und dann sagt Jeff: „Pass auf, das wird jetzt der Oberhammer …""

Schön ist das nicht. Nur zwei Personen sollten im Interview reden, Frager und Befragter. Zitate von Dritten möglichst kurzhalten.

G4 DRAMATURGIE

Der Anfang einer guten Reportage verwirrt, irritiert, ergreift oder empört. Ähnliches gilt für das Interview: Es sollte so packend und so überraschend beginnen, dass auch die Leser*innen hängen bleiben, die sich eigentlich nicht für die Interviewte oder den Interviewten interessieren. Also am besten mit einer knappen Frage und nicht so vorsichtig wie das tatsächliche Gespräch.

Atmo erwünscht

In einem kurzen Anrisstext das Wie-Wann-Wo der Interviewsituation skizzieren – das gibt den Leser*innen das Gefühl, dabei gewesen zu sein. Zum Beispiel:

„Dieter Hildebrandt sitzt in einer verdammt tristen sogenannten Künstlergarderobe in München-Schwabing, gleich ist Kameraprobe für *Neues aus der Anstalt*, und er schwört, dass es noch viel tristere sogenannte Künstlergarderoben gibt. Hier gibt es immerhin Apfelschorle und Leberkas-Semmeln."

(Aus meinem Interview mit dem Kabarettisten Dieter Hildebrandt für *MUH*, 5/2012)

Oder: „Sie gewann bei Günther Jauch eine halbe Million. Dann ging sie ein Jahr lang auf Weltreise – zwölf Monate, zwölf Städte – und bloggte über ihre Erlebnisse. Anschließend schrieb sie darüber ein Buch, dann vertrat sie ein halbes Jahr die Textchefin des *SZ-Magazin*. Jetzt sitzt Meike Winnemuth nach einem, wie sie sagt, mittellangen Arbeitstag am Steuer ihres VW Lupo und steuert ihn, buchstäblich mit links, Richtung Ingolstadt. Ingolstadt? Sie stellt ihr Buch dort vor. Auf dem Weg dorthin befragen wir sie. Der sie interviewende Beifahrer hat eine Cola Zero und eine Apfelschorle mitgebracht, je 0,5 l. In der vergeblichen Hoffnung, die Cola Zero bleibe für ihn übrig."

(Aus meinem Interview mit der Autorin Meike Winnemuth, *Medium-Magazin*, Juli 2013)

Frage-Antwort-Frage-Antwort-Frage-Antwort: Im Grunde gibt es keine langweiligere Textform zu lesen als das Interview. Deshalb sollten wir im Verlauf des Gesprächs möglichst viel abwechseln: im Rhythmus, also zwischen kurzen Frage-Antwort-Sequenzen, bei denen es wie im Pingpong hin- und hergeht, und längeren Blöcken, in denen Argumente ausgetauscht, Gedanken entwickelt werden. Schon allein wegen des Schriftbilds. Auch die Frageform sollte variieren zwischen Fragen (offenen und geschlossenen, kurzen und längeren), Satzfragmenten und Aussagesätzen. Die Temperatur sollte wechseln zwischen kühl und heiß, die Themen zwischen Dur und Moll.

Generell gilt: pro Frage/Antwort ein Thema. Zwischenfragen einzudoktern ist nicht nur erlaubt, sondern oft auch erforderlich, um längere, komplexere Antworten zu gliedern und zu neuen Themen überzuleiten. Ein gutes Interview gleitet von einem Thema zum nächsten, verharrt mal länger bei einer Sache und streift dann mal kürzer eine andere. Aber wir sollten nicht von Thema zu Thema hopsen. Der gedankliche Abstand zwischen Antwort und neuer Frage ist im Idealfall nicht zu groß und nicht zu klein – also keine geistigen Bocksprünge, aber auch kein ermüdendes Auf-der-Stelle-Treten.

Zum Schluss hin sollte ein Interview, ebenso wie eine gute Reportage, weder überraschend abstürzen noch endlos dahinmäandern und schließlich ausplätschern. Das Gesprächsende muss eingeleitet werden und mit einer Schlusspointe abschließen. Die letzte Frage führt im Idealfall zurück zum Hauptthema, schließt einen Bogen, setzt einen Punkt, einen Gag, eine Pointe – und korrespondiert mit der Überschrift oder der Einstiegsfrage oder mit beidem. Übrigens: Wer sichergehen will, dass das Publikum möglichst früh aussteigt, der nehme als Überschrift eine Antwort aus dem zweiten, dritten Absatz. Dann weiß die Leserin: Kenn ich schon, muss ich nicht weiterlesen!

Interviewbeispiel: Langweilig wie Lateinunterricht

Ein Interview über den Niedergang des Römischen Reiches (*Spiegel Geschichte*, 1/2009) beginnt so: „Professor Heather, Sie haben gewagt, die Streitfrage neu aufzurollen, warum das Römische Reich zusammenbrach – oder doch zerfiel. Wie ernst nehmen Historiker heute dieses Problem? Ist es immer noch ein Modellfall?" Eine lange, verschlungene Einstiegsfrage, die viel Vorwissen bei den Leser*innen voraussetzt und sie nicht wirklich in das Thema hineinzieht.

Später wird gefragt: „Aus Sicht der constantinischen Zeit erscheint es durchaus nicht selbstverständlich, dass im breiten Spektrum von Religionen zur Zeit des Augustus ausgerechnet der Christenglaube sich durchsetzte. Was sagen Sie zu diesem alten Problem?"

Eine wieder recht vertrackte, nicht präzise formulierte Frage, die Fachsprech spricht. Und die eigentlich eher nachweisen will, was der Autor alles Schlaues weiß, als dass sie sich wirklich für die Expertin oder den Experten interessiert oder ihr/sein Fachwissen für das Publikum zu übersetzen versucht.

Und dann folgt: „In Ihrer großen Studie erklären Sie fast von Anfang an, dass – entgegen der ehrwürdigen These Edward

Gibbons – nicht das Christentum den Untergang Roms auslöste. Sie führen ihn auf die Hunnen zurück, in erster Linie auf deren Waffeden Bogen. Am Mittelgriff aus Knochen waren zwei ungleich lange Holzteile befestigt; diese Asymmetrie machte es möglich, besonders gut vom Pferd aus zu schießen, und die Waffe hatte enorme Reichweite. Wie haben Sie all das herausgefunden? Haben Sie einmal einen Nachbau ausprobiert?" Eine langatmige (14 Zeilen), mühselig zu lesende Erklärung mündet in einer Mehrfachfrage, die auch noch geschlossen formuliert ist. Schwerer als hier kann man es den Leser*innen kaum machen.

„Guten Tag, wie geht es mir?"

Ein Interview (*Süddeutsche Zeitung* vom 23. Januar 2009) mit einem kriminalistischen Lügenexperten beginnt so:

SZ: Guten Tag, Herr Professor, wie geht es mir?
Paul Ekman: Gut. Ein wenig müde, aber ansonsten geht es Ihnen prima.

SZ: Danke. Und Ihnen?
Ekman: Bestens, aber ich brauche jetzt erstmal einen Whisky! …

Ein überraschender Start für ein Interview, der jede Erwartungshaltung der Leserin und des Lesers bricht. So weckt man Interesse, so zieht man Menschen in ein Interview hinein!

G5 DIE BEILAGEN

Es ist eine Geschmacksfrage: Bisweilen beginnen Interviewtexte nicht mit der ersten Frage, sondern haben einen Vorspann vorgeschaltet. Er kann kurz und bündig die Person vorstellen oder die Szenerie des Gesprächs schildern. Eigentlich sollte ein gutes Interview für sich stehen können, so packend starten und doch sich selbst und seine Berechtigung erklären, dass es ohne größeren Einleitungstext zurechtkommt. Wenn allerdings ein Vorspann geliefert wird, dann möglichst die 397.281. Variante von banalen Allerweltsbeschreibungen vermeiden, wie etwa: „Wladiwostock/Hamburg/Berlin/Neutraubling 10/12/19/23 Uhr, XYZ hat gerade noch einen Orangensaft bestellt/Freund angerufen/Autogrammjägerin bedient, seine Augen blicken müde/gereizt/gerötet/frisch/aufgeweckt aus dem Kopf …" Ähnlichkeiten mit den Interviewtexten lebender Autor*innen sind natürlich rein zufällig.

Kein Interview sollte ohne ein paar Grundinformationen über die befragte Person in Druck gehen, das wäre den Leser*innen gegenüber unhöflich. Gern werden diese Informationen (Alter, Beruf, Nationalität, Eckdaten) in einen Kasten ausgelagert. Man kann diesen Kasten – und das tun viele Kolleg*innen – so spannend und unterhaltsam texten wie eine Akte aus dem Grundbuchamt. Oder man kann ihn auf Zug schreiben, dem Text eine kleine Pointe mitgeben, die Interviewte ausschließlich in Zahlen vorstellen o. Ä. Jedes Textelement – also auch der Kasten, die Bildunterschrift, die Titelzeile etc. – ist eine zusätzliche Chance, um das Leser*inneninteresse zu wecken. Wir sollten sie nutzen.

Mit Zwischentiteln und/oder Zitaten können wir a) die Seite optisch auflockern und b) Kernaussagen oder besonders prägnante Gedankensplitter herausheben. Wir sollten also nicht wahllos irgendwelche

Buchstabenaneinanderreihungen aus dem Text klauben und in den Zitatkasten heben, damit der Layouter Ruhe gibt. Sondern nach den Perlen unseres Gesprächs suchen, damit wir dieses per Zwischentitel quasi ins Schaufenster stellen können. Verkürzungen, Verdichtungen und Verknappungen sind dabei – sofern sie nicht den Sinn des im Text Zitierten verdrehen – üblich und erlaubt.

Von wegen Kastendenken

Ein Interview mit Reinhold Messner erschien im *Playboy* (Juni 2008) mit folgendem Kasten:

Alpinismus-Primus

Reinhold Messner, geboren 1944 in Südtirol, ist der Streber der Bergwelt:

Als erster Mensch dieser Erde bewältigte er alle 14 Achttausender. Als Erster bezwang er den Mount Everest ohne Sauerstoffgerät. Und als Erster bestieg er im Alleingang den Nanga Parbat – jenen Berg, an dem sein Bruder Günther 1970 ums Leben kam. Reinhold Messner hat vier Kinder, fünf Bergmuseen und eine eigene Kosmetiklinie – die *Messner Mountain Moments*. 2008 erschien *Diamir – König der Berge*, sein Buch über den Schicksalsberg Nanga Parbat.

DAS GROSSE STREICHKONZERT: DIE AUTORISIERUNG

Die schärfsten Gesetze sind manchmal die ungeschriebenen. So ist in Deutschland die Autorisierung von Interviews in keinem Gesetz, in keiner Vorschrift festgehalten, auch der Pressekodex schweigt (inzwischen) zu dem Thema. Und dennoch halten sich alle daran, das nachträgliche Autorisieren ist zur Geschäftsgrundlage für Gespräche geworden. Selbst die *Financial Times Deutschland*, die sich gern damit brüstet, dem Autorisierungsterror zu trotzen, indem sie statt Wortlautinterviews Gespräche im Fließtext abdruckt, legt ihren Gesprächspartner*innen in aller Regel die wörtlichen Zitate zum Gegenlesen – und damit oft genug zum Gegenschreiben – vor. Aber: Es gibt Gegenstrategien!

H1 VERKAUFSGESPRÄCH STATT BEGEGNUNG: EINE DEUTSCHE KRANKHEIT

Das Autorisierungshickhack, das PR-Agent*innen, Publizist*innen und sonstige Verantwortliche der „Gegenpartei" veranstalten, wird immer lästiger: Da streicht der Pressesprecher einer Ministerpräsidentin so ausgiebig in einem Interview herum, dass nichts mehr davon übrig bleibt. Da lässt die Filmproduktionsfirma die Journalist*innen einen – rechtswidrigen – Vertrag unterschreiben, in dem mit Zehntausenden von Euro Strafe gedroht wird, sollten die das Interview begleitenden Bilder nicht eigenhändig vom Interviewten ausgesucht werden. Da will die Schauspielerin dem Magazin, dem sie ein Interview gegeben hat, verbieten, dass in der Agenturmeldung über das Interview bestimmte Wörter benutzt werden („Girlie-Wunder" etc.).

Damit's der Wahrheitsfindung dient

Wenn schon das Autorisieren sein muss, so können wir es auch nutzen. Um zum Beispiel von der PR-Agentur auch die Fakten für den Infokasten autorisieren und damit bestätigen zu lassen. Denn so manche Angaben über die Anzahl der Ehepartner*innen etc. schleppen sich von Artikel zu Artikel und von Datenbankeintrag zu Datenbankeintrag, ohne dass sie jemals wahrer werden …

Gesagtes wird zu Ungesagtem gemacht, Ungesagtes und Ungefragtes zu Gesagtem. Die Journalist*innen sollen sich gefälligst in ihre Rolle als Lautsprechorgane des jeweiligen Schauspielers, der jeweiligen Politikerin oder der jeweiligen Sportlerin bequemen. Und die Autorisierungsvereinbarung ist das Instrument dazu. Der Journalist gibt also seine Arbeit aus der Hand.

Interviewvertrag – ein Beispiel

Hier ein Auszug aus der Originalvereinbarung zwischen einem großen deutschen Magazin und einem bekannten deutschen Schauspieler. Name und Details sind aus rechtlichen Gründen ausgespart:

Interview mit XYZ
Verbindliche Erklärung

Hiermit erkläre ich verbindlich, dass ich XYZ den gesamten Text des Interviews sowie alle seine wörtlichen Zitate (in direkter oder indirekter Rede oder in sinngemäßer Wiedergabe) einschließlich des jeweiligen Umfeldes bzw. des jeweiligen Kontextes rechtzeitig vor Abdruck über die Agentur ABC zum Gegenlesen und zur Abnahme zur Verfügung stellen werde. Dies gilt auch für oben definierte Zitate in der Überschrift des Artikels, in Bildunterschriften, Zwischenüberschriften, Ankündigungen, Bewerbungen der unten genannten Publikation oder für sonstige isolierte Nutzungen.

Außerdem wird nichts online gestellt oder Überschriften bzw. Meldungen über den Ticker geschickt ohne vorherige Freigabe durch XYZ oder Agentur ABC.

Die Freigabe ist jeweils schriftlich zu erklären.

XYZ hat das Recht zu Streichungen und Änderungen. Erfolgt keine Abnahme oder einigt man sich nicht auf eine gemeinsam abgenommene Version des Interviews/Artikels, hat jede Veröffentlichung und Verbreitung der Zitate im oben genannten Sinne zu unterbleiben; ebenso hat die Mitteilung zu unterbleiben, dass ein Gespräch mit XYZ geführt wurde.

Weiterhin erkläre ich verbindlich, dass das Interview bzw. die Zitate im oben genannten Sinne ausschließlich für eine einmalige Veröffentlichung in der unten angegebenen Publikation verwendet werden. Jede andere Form der Veröffentlichung oder Verwendung bedarf der schriftlichen Zustimmung durch XYZ oder Agentur ABC.

Die vorliegende Erklärung ist von mir vertraulich zu behandeln.

„Was als freiwillige Vereinbarung zwischen Interviewern und Interviewten begann, wird von Politikern immer häufiger missbraucht: Sie beanspruchen, nicht nur Einfluss auf die Antworten zu nehmen – auch missliebige Fragen werden gestrichen", kritisiert die *Tageszeitung* (*taz*) 2003. Der damalige SPD-Generalsekretär Olaf Scholz hat in einem zur Autorisierung vorgelegten Interview so herumgemalt, dass die *taz* aus lauter Empörung eben dieses Dokument mit all seinen Schwärzungen und Streichungen und Änderungen abdruckt. Die damalige Chefredakteurin Bascha Mika schäumt in einem Text an jenem Tag: „Keine journalistische Form ist in den letzten Jahren so verludert wie das Interview. Es suggeriert Authentizität, dabei geht es um Betrug. Betrug am Anspruch einer freien Presse, Betrug am journalistischen Selbstverständnis, Betrug am Leser."

Der Fall Steffel

Frank Steffel will für die CDU Regierender Bürgermeister von Berlin werden. Er gibt im Sommer 2001 der Zeitschrift *Max* ein Interview. Die schreibt daraufhin, Steffel habe als Jugendlicher Ausländer als „Bimbos", Behinderte als „Mongos" und Türken als „Kanaken" bezeichnet. Steffel streitet ab, lässt von seiner Sprecherin behaupten, all das sei frei erfunden. *Max* stellt den Tonbandabschnitt des Interviews ins Internet. Darauf ist zu hören, wie die Reporter fragen: „Haben Sie Schwarze als „Bimbos", Türken als „Kanaken" und Behinderte als „Mongos" bezeichnet?" Steffel antwortet: „Ich würde nicht sagen, ich habe so was nicht gesagt. Das sind, glaube ich, Begriffe, die ein 13-, 14-, 15-, 16-Jähriger ganz normal benutzt." Des Weiteren sagt Steffel: „Ich schließe nicht aus, dass ich mal irgendwann zu irgendeinem Türken in der Disco, wenn er meine Freundin angebaggert hat, gesagt habe, du Scheiß-Ausländer." Steffel streitet die Äußerungen nicht mehr ab. Er behauptet fortan nur noch, er sei Opfer einer politischen Kampagne.

Eingeführt hat die Autorisierung ausgerechnet der *Spiegel*: Weil die Redaktion ihre Gesprächspartner*innen traditionell so hart anging, ließen die sich auf ein *Spiegel*-Gespräch nur ein, wenn sie die Chance hatten, das Interview vor dem Druck gegenzulesen. Die Gesprächspartner*innen, so das Argument pro Absegnung, sprechen freimütiger, wenn sie die Chance haben, vor Abdruck noch einmal drüberzulesen, als wenn sie schon im Gespräch druckreif reden müssen. So sieht das etwas Dirk Metz, ehemaliger Journalist und als Sprecher der hessischen Landesregierung bei so manchem

Interview mit Roland Koch auf der anderen Seite des Schreibtisches. Er betont, dass drei Parteien bei einem Interview mit am Tisch sitzen: der Interviewer, der Interviewte und der Leser. Und der Leser profitiere von der Autorisierung: „Ohne die Autorisierung würden Interviews steril und steif, weil jedes Wort auf die Goldwaage gelegt würde. Und die Sterilität bekämen die Leser am nächsten Morgen zu spüren." Politik sei ein Kampf um Worte und Begriffe. „Wenn dann in den schriftlich vorgelegten Interviews des damaligen hessischen Ministerpräsidenten Roland Koch fast regelmäßig der von diesem gebrauchte Begriff „Kernenergie" von den Bearbeitern durch „Atomkraft" ersetzt wird, so ist das keine Petitesse."

Den Konjunktiv allerdings könnte sich Metz sparen. Denn abgesegnete Interviews lesen sich fast immer steifer und steriler, es wird jedes Wort mehrfach auf die Goldwaage gelegt. Die Sitten sind so weit verkommen, dass es immer schwieriger ist, einen Menschen so zu präsentieren, wie er sich gibt, wie wir ihn als Journalist*innen sehen. Stattdessen müssen wir ihn immer mehr so präsentieren, wie er oder seine PR-Helferlein ihn sehen wollen. Interviews drohen immer mehr zu Verkaufsgesprächen zu werden, in dem die Befragten nur noch stromlinienförmige Gestanztheiten von sich geben.

Der Autorisierungswahn ist ein rein deutsches Virus – auch erfahrene Journalist*innen können sich nicht daran erinnern, dass sie jemals ein Interview mit den Rolling Stones, mit Penélope Cruz oder mit Lance Armstrong hätten autorisieren müssen. Man kann sich also als deutscher Journalist nur nach jenen Zeiten sehnen, da US-Außenminister Henry Kissinger einem Reporter einmal gesagt haben soll – das Zitat wird gelegentlich auch Erol Flynn zugeschrieben: „Schreiben Sie, was Sie wollen – solange Sie meinen Namen richtig schreiben …"

Feindaufklärung

Zickig, besonders zickig oder nur mäßig zickig? Zur optimalen Vorbereitung auf ein Interview gehört, dass wir über die Gepflogenheiten unserer Interviewpartnerin bzw. unseres Interviewpartners Bescheid wissen. Wer bei Kolleg*innen als besonders schwierige Partnerin in Autorisierungsverhandlungen gilt, für die sollten wir eine Alternative zum nächsten Erscheinungstermin in petto haben. Ansonsten sind wir in einer schlechten Verhandlungsposition. Zwischen der vereinbarten Rückgabe des vom Gesprächspartner autorisierten Interviews und dem Redaktionsschluss sollten wir immer außerdem noch ein wenig Zeitpuffer einbauen – für den Fall, dass der Gesprächspartner die Autorisierung bis zum Redaktionsschluss hinauszögern will und wir dann keine Gelegenheit zum Nachbessern haben. Es gilt allerdings: je wichtiger der Interviewpartner (und seine Agentur) und je unwichtiger das Medium, das wir vertreten, desto kleiner unser Spielraum.

H2 SCHLAUER SCHACHERN: TIPPS FÜR DIE AUTORISIERUNG

Wir sollten uns immer darüber im Klaren sein: Autorisierung ist Verhandlungssache! Wir Journalist*innen müssen nicht sämtliche Änderungswünsche der Gegenpartei widerspruchslos hinnehmen. Und es geht beim Autorisieren nie nur um unseren eigenen Text: Je mehr wir bei der Absegnung kuschen, je bereitwilliger wir bei der Textschönung mitmachen, desto schwieriger werden es die nächste Kollegin und der nächste Kollege nach uns haben, sich gegen all die Verwässerungstaktiken zur Wehr zu setzen.

Eine Möglichkeit: den reinen Interviewtext (ohne Überschrift, Bildunterschriften etc., das weckt nur schlafende Hunde) zur Autorisierung faxen oder als PDF-Datei schicken – gemailte Worddokumente sind eine Einladung zum Herumdoktern!

(FC) Bayrische Sitten

Freitagabend, 16:45 Uhr, eine Viertelstunde vor Redaktionsschluss. In der Sportredaktion der *Süddeutschen Zeitung* rattert das Faxgerät. Die Pressestelle des FC Bayern München schickt ihre Version eines Interviews mit Mittelfeldstar Franck Ribéry – die „autorisierte" Version, könnte man sagen. Oder die „zensierte". Die interessanteste Passage, nämlich Ribérys Forderung nach Verstärkungen für die neue Saison – gestrichen. Auf Drängen der FC-Bayern-Pressestelle. Die Sportredaktion hält das für „Zensur", es wird laut telefoniert. Die Redaktion lässt sich nicht den Schneid abkaufen und druckt die Antworten dennoch – in indirekter Rede, in einem eigenen Kasten. Der Club-Pressesprecher droht mit Interviewboykott – und dementiert das später.

Damit wir nicht untätig auf die Freigabe warten müssen, sollten wir der Gesprächspartnerin/dem Gesprächspartner bei der Übersendung des Textes auch eine angemessene Frist einräumen. Hat sie/er in der Zeit keine Wünsche angemeldet, ist der Text als freigegeben zu betrachten – wenn wir das so mit ihr/ihm vereinbart haben.

Etwas mehr Text zur Autorisierung zu geben als nötig (ca. 10 bis 20 Prozent), schafft Manövriermasse. Allerdings sollten wir uns vorher überlegen: Welche Aussagen sind besonders wichtig und unverzichtbar? Der Satz „Aber genau so haben Sie's laut Tonband doch gesagt!" kann in Autorisierungsverhandlungen immer ein Argument sein.

Dem Gesprächspartner oder seiner Pressesprecherin gegenüber sollten wir stets professionell argumentieren, wenn es Gezerre um Änderungen gibt. Zum Beispiel: „Das ist ein Fremdwort, das müssen wir für unsere Leser*innen erklären." Oder: „Hier mussten wir kürzen, weil es an diesem Punkt für unsere Zielgruppe nicht mehr so interessant ist." Oder: „Dieser Satz ist so kompliziert formuliert und so lang, dass jeder Leser nach dem ersten Drittel aussteigt."

Die nächsten Eskalationsstufen wären: Drohen mit weniger Platz, dem kompletten Verzicht auf den Abdruck oder dem Abdruck eines (dann unautorisierten) Porträts.

Feinarbeiten

Der von der Gesprächspartnerin autorisierte Interviewtext muss und darf exakt so, und zwar ausschließlich so in vollständiger Länge abgedruckt werden, ohne dass noch ein Komma veränderbar ist? Nein, auch nach dem Autorisieren sind geringfügige redaktionelle Änderungen möglich, üblich und erlaubt. Oft ist schließlich das endgültige Layout noch gar nicht gebaut, wenn das Interview zur Autorisierung verschickt wird, je nach Anzeigenlage oder aus sonstigen redaktionellen Notwendigkeiten muss gekürzt, umplatziert o. Ä. werden. Auch kann es – zum Beispiel aufgrund von Foto-/Layoutänderungen – notwendig werden, dass Interviewpassagen nachträglich noch einmal umgestellt werden. Der Fairness halber sollten wir allerdings dabei darauf achten, dass durch diese Änderungen der Gesprächspartnerin nicht das Wort im Munde umgedreht wird. Sinnverändernde oder gar entstellende Eingriffe in den Text sind also nach der Autorisierung tabu. Im Zweifelsfall lieber noch einmal bei der Befragten oder bei ihrem Hilfspersonal nachfragen.

PARAGRAFEN-REITEREI

Es gibt übersichtlichere Lebensbereiche als das deutsche Medienrecht: In weiten Teilen ist es nicht präzise durch Gesetze festgelegt, sondern Richterrecht – also von einzelnen Gerichtsentscheidungen geprägt. In Hamburg wird anders entschieden als in München und dort wiederum anders als in Saarbrücken, Urteil X kann daher in einem vergleichbaren Fall ganz anders ausfallen als Urteil Y und noch mal anders als Urteil Z. Und praktisch jeder, der eine Zeitschrift oder eine Zeitung am Bahnhofskiosk in Hamburg, München oder Saarbrücken gekauft hat, kann selbst entscheiden, wo er vor Gericht ziehen will, wenn er vor Gericht ziehen will.

Das Folgende kann daher nur ein grober Überblick über die größten juristischen Fettnäpfchen sein, in die wir mit einem Interview treten können. Sollten wir also einmal Ärger bekommen mit einem Gesprächspartner oder gar mit Dritten, die sich durch ein Interview beleidigt oder falsch wiedergegeben sehen – am besten gleich zur Hausjuristin!

Allerdings wird auch hier vieles nicht so heiß gegessen, wie es gekocht wurde, so mancher juristische Konflikt lässt sich doch noch auf gutem Wege regeln. Und: In großen Redaktionen gehören wilde juristische Drohungen von außen zum Alltagsgeschäft. Ein Blatt, das noch nie mit einer Gesprächspartnerin oder einem Gesprächspartner Ärger hatte, dem noch nie zumindest mit Unterlassungs-, Schadensersatz- oder Schmerzensgeldklagen gedroht wurde – das muss sich schon fragen, ob es vor lauter Niemandem-auf-die-Zehen-steigen-Wollen überhaupt ein eigenes Profil hat.

I1 PERSÖNLICH-KEITSRECHTLICHES

Im Rahmen des „allgemeinen Persönlichkeitsrechtes" hat jeder Einzelne das Recht, sein Leben vor der Öffentlichkeit abzuschirmen oder nicht.

Das heißt: Jeder kann selbst darüber entscheiden, ob und wie er welche Informationen über sein Berufsleben und seine sonstige Existenz dem Publikum preisgeben will und welche nicht. Es gibt allerdings in Deutschland kein einzelnes Gesetz, das das allgemeine Persönlichkeitsrecht festschreibt. Es leitet sich vielmehr aus dem Grundgesetz ab und wird durch andere Grundrechte – etwa die Pressefreiheit – begrenzt.

Jedermann kann entscheiden, diesen Persönlichkeitsschutz aufzugeben, zum Beispiel, indem er ein Interview zur Verbreitung in der Öffentlichkeit gibt. Kinder und Jugendliche können die Einwilligung dazu nicht wirksam erteilen, es müssen immer ihre gesetzlichen Vertreter*innen gefragt werden.

Wer einwilligt, dass über sie oder ihn berichtet wird, kann das schriftlich tun oder mündlich – oder durch das, was Juristen „konkludentes Tun" oder „schlüssiges Verhalten" nennen: Wenn wir also etwa als Radio- oder Fernsehteam anrücken und Politikerin X oder Sportler Y vor laufender Kamera befragen, so bekommen wir damit die Erlaubnis, das aufgezeichnete Material auch zu senden. Und wenn wir in die Villa des Filmstars gebeten werden, um dort ein Interview zu führen, so ist uns damit implizit gestattet worden, in unserem Text auch über die Polstergarnitur, die Größe des Swimmingpools und die Zahl der Porsches zu schreiben – sofern uns Mr. oder

Mrs. Hollywoodstar dies nicht explizit verbietet. Allerdings reicht jede Einwilligung nur so weit, wie für die Interviewten erkennbar. Wer sich also für ein bestimmtes Medium vorstellt, kann das Interview nicht beliebig „zweitverwerten".

Zeitungs- oder Zeitschriftenjournalist*innen müssen allerdings ihren Interviewpartner*innen immer klarmachen, wenn die Aussagen als Frage-Antwort-Dialog veröffentlicht werden sollen. Schließlich ist nicht, nur weil einer mit dem Notizblock oder dem Aufzeichnungsgerät ankommt, ersichtlich, dass daraus ein gedrucktes Interview wird. Im Übrigen verbietet das deutsche Strafgesetzbuch das Mitschneiden des gesprochenen Wortes. Wer sich nicht daran hält, muss mit bis zu drei Jahren Freiheitsstrafe rechnen. Auf Nummer sicher gehen wir, wenn wir unser Gegenüber immer als Erstes fragen, ob es mit der Aufzeichnung des Gesprächs einverstanden ist. Am allerbesten: Wenn diese Genehmigung auch auf Band festgehalten wird. Also: Erst fragen, dann Band anschalten und das Einverständnis noch mal bestätigen lassen.

12 DIE AUTORISIERUNG

Wer sich von Journalist*innen befragen lässt, muss davon ausgehen, dass ihre bzw. seine Aussagen in gekürzter und sprachlich geglätteter Fassung veröffentlicht werden. Wenn aber unsere Gesprächspartnerin oder unser Gesprächspartner darauf besteht, dass ihr oder ihm unser Interview vor der Ausstrahlung oder vor Drucklegung noch einmal vorgelegt wird, dann dürfen wir es auch nur in der genehmigten Form veröffentlichen.

Die Autorisierung von Interviews ist, man kann es nicht oft genug betonen, in keinem Gesetz und in keiner Verordnung vorgeschrieben, auch nicht (mehr) durch den Pressekodex des Deutschen Presserats. Wer aber der Gesprächspartnerin/dem Gesprächspartner die Autorisierung zugesagt hat – und wenn auch nur mündlich –, muss sich daran halten. Sonst verstößt er gegen das Recht am eigenen Wort. Allerdings gilt der Autorisierungsvorbehalt nur für die Antworten. Unsere Gesprächspartnerin hat kein Recht, auch noch unsere Fragen umzuformulieren. Sie kann dann höchstens die Autorisierung insgesamt verweigern.

Vereinbarungssache

Dorothee Bölke, Rechtsanwältin und ehemalige Hausjuristin des *Spiegel*, schreibt in ihrem Buch *Presserecht für Journalisten*:

„Interviews sind Gesprächsprotokolle, in denen Fragen und Antworten in wörtlicher Rede wiedergegeben werden. Durch diese Darstellungsform werden sehr persönliche Eigenheiten des Gesprächspartners wie Ausdrucksweise, innere Haltung, Gedankenführung usw. sichtbar, die intimen Einblick in seine Persönlichkeit geben. Der Interviewpartner kann sich deshalb frei entscheiden, ob und wem er ein Interview geben will. Ein Interview ist immer eine Sache der Vereinbarung."

Bei der Autorisierungsvereinbarung ist Sorgfalt gefragt. So wollen wir natürlich die Möglichkeit haben, das Interview rechtlich einwandfrei in Druck zu geben, wenn wir der Interviewpartnerin oder dem Interviewpartner eine angemessene Frist zur Autorisierung gesetzt haben und sie oder er keine Änderungswünsche gefordert oder formuliert hat. Das muss dann aber genau so vereinbart werden, sonst gilt „Schweigen" gerade nicht als Freigabe. Und wenn eine Gesprächspartnerin einmal genehmigt hat, das Interview zu veröffentlichen, soll sie ihre Einwilligung nicht einfach rückgängig machen können. Deshalb sollte keine Beschränkung auf einen einmaligen Abdruck oder eine bestimmte Zeit verabredet werden. Achten müssen wir allerdings darauf, ob sich seit dem Gesprächstermin Lebens- oder berufliche Umstände unseres Gesprächspartners massiv verändert haben. Dann würden wir mit der Veröffentlichung des Interviews möglicherweise seine Persönlichkeitsrechte verletzen.

Pressekodex

Der Deutsche Presserat hält in seinem *Pressekodex* (überarbeitete Fassung 2017) zum Thema Interview fest:

„Ein Wortlautinterview ist auf jeden Fall journalistisch korrekt, wenn es das Gesagte richtig wiedergibt. Wird ein Interview ganz oder in wesentlichen Teilen im Wortlaut zitiert, so muss die Quelle angegeben werden. Wird der wesentliche Inhalt der geäußerten Gedanken mit eigenen Worten wiedergegeben, entspricht eine Quellenangabe journalistischem Anstand."

In einer vorherigen Fassung hatte es noch geheißen, dass zur journalistischen Fairness immer die Autorisierung gehöre. In der überarbeiteten Version des Pressekodexes, wurde dies aufgegeben.

Wer erfundene Interviews veröffentlicht oder in einem anderen Zusammenhang gemachte Äußerungen zu einem fiktiven Interview zusammenstellt, verstößt gegen das allgemeine Persönlichkeitsrecht.

Auch wenn wir aus einem Interview Ausschnitte drucken oder senden, die einseitig ausgewählt sind und die Aussage der Gesprächspartnerin oder des Gesprächspartners falsch wiedergeben, verletzen wir ihren bzw. seinen Persönlichkeitsschutz. Kürzungen oder sprachliche Korrekturen, die den Sinn des Gesagten nicht verfälschen, sind natürlich legal – wenn nichts anderes vereinbart wurde. Wessen Persönlichkeitsrechte verletzt worden sind, die/der kann auf Unterlassung, Berichtigung oder Schadensersatz klagen, eventuell sogar in Form von Schmerzensgeld.

Verweigert uns unsere Gesprächspartnerin/unser Gesprächspartner die Autorisierung des Interviews – sie/er muss dafür keine Gründe nennen –, dann dürfen wir das Gespräch auch nicht veröffentlichen. Nicht in Ausschnitten, nicht in Zitaten und auch nicht in indirekter Rede. Die Informationen aus dem Gespräch dürfen wir in dem Fall zwar veröffentlichen, aber nur dann, wenn sie nicht ausschließlich der Gesprächspartnerin/dem Gesprächspartner zuzuordnen sind. Und eben nicht als Zitate.

Aufpassen müssen wir, wenn unsere Gesprächspartnerin oder unser Gesprächspartner im Interview Dritte beleidigt oder Gerüchte über sie verbreitet – dann gilt die sogenannte „Verbreiterhaftung". Das heißt, wir können uns von Beleidigungen oder Schmähungen nicht einfach mit dem Hinweis darauf distanzieren, dass die Äußerung in Anführungszeichen stehe. Nein, Journalist*innen geben Äußerungen eine öffentliche Plattform, verbreiten sie und können deshalb für sie genauso in Haftung genommen werden, wie wenn sie die Äußerung selbst recherchiert und unter eigenem Namen gemacht und veröffentlicht hätten. Für Liveinterviews in Radio und Fernsehen gilt dies natürlich in aller Regel nicht. Schließlich kann die Redaktion hier vorab keine Auswahl treffen, welche Äußerungen erlaubt sind und welche gegen das Persönlichkeitsrecht verstoßen.

NACH DEM INTERVIEW

Es gibt in Deutschland mehr Medien als je zuvor, der Wettbewerb um Publikum und Anzeigenkund*innen ist so hart wie nie zuvor. Interviews sind eine Möglichkeit, unser Heft, unsere Sendung, unseren Vodcast ins Gespräch zu bringen, und zwar eine relativ billige.

Es gibt Zeitungen wie etwa die *Neue Osnabrücker Zeitung*, die – vor allem zu Bonner Regierungszeiten – mit ihren Vorabmeldungen im ganzen Land bekannt wurden. Meldungen also, die die kernigsten, knackigsten Sätze und Passagen aus (in dem Fall meistens Politiker-)Interviews an andere Medien weiterverbreiteten, sodass es dann etwa in der *Tagesschau* hieß: „In einem Interview der XYZ-Zeitung sagte der stellvertretende XYZ-Vorsitzende …"

Meistens werden die Vorabmeldungen an dpa und die anderen großen Nachrichtenagenturen verschickt und über diese weiterverbreitet. Deshalb sollten wir, wenn wir diese Meldungen formulieren, noch einmal nachprüfen: Name der/des Interviewten richtig geschrieben? Funktion richtig geschrieben? Zitat richtig (ab)geschrieben? Ansonsten sollten wir darauf achten, dass die Meldung möglichst in Agenturdeutsch geschrieben ist, dass also sämtliche Wer-, Was-, Wann-, Wo- und Wem-Fragen am Anfang klar beantwortet, dass die Sätze schön kurz und klar formuliert und dass sämtliche Fachbegriffe eliminiert oder erklärt sind. Je mehr die Meldung nach dpa-Sprech klingt und je kürzer sie ist (maximal drei, vier Absätze), desto weniger Arbeit haben die Agenturjournalist*innen damit und umso größer sind unsere Chancen auf Abdruck in einer anderen Zeitung oder Erwähnung in anderen Medien.

Ist das Interview erschienen, sollten wir der Interviewpartnerin oder dem Interviewpartner Belege schicken – zeitgleich wenn oder am besten kurz bevor es millionenfach am Kiosk ausliegt. Auch damit machen wir Marketing für unser Medium! Beim Versenden als PDF sollten wir auf die – in aller Regel eingeschränkten – Rechte zur Weiterverbreitung hinweisen. Und ein Dankeschön schadet nicht, sondern macht gute Stimmung fürs nächste Mal – besonders wichtig bei Agenturen, die mehrere „interessante Objekte" betreuen.

Oft schmerzhaft, aber immer wichtig: Wir sollten mit Abstand noch einmal kritisch Reinhören in die eigene Interviewaufzeichnung: Waren die Fragen kurz und konkret? Waren es überhaupt die richtigen Fragen? Haben wir Einzelfragen gestellt oder mehrstufige Multifragenraketen abgefeuert? Haben wir die Interviewpartnerin bzw. den Interviewpartner ausreden lassen, wo nötig? Haben wir nachgefasst, wo möglich?

Nur dann lernen wir dazu. Und machen in Zukunft noch bessere Interviews, als wir eh schon machen.

Checkliste: Alles zum Interview auf einen Blick

Vorbereitung

- ☐ Weiß ich genau, warum ich meiner Gesprächspartnerin/meinem Gesprächspartner begegnen will, was mich an ihr/ihm interessiert – und was die Leser*innen?
- ☐ Ist ein Interview die richtige, angemessene Textform für Person und Thema – und nicht ein Porträt oder ein Bericht?
- ☐ So viel wie möglich von und über die zu Befragenden lesen, hören, sehen. In den Archiven nach Porträts, Interviews, Berichten graben; auf YouTube etc. nachsehen: Wie sieht die/der aus, wie spricht die/der? Mit Kolleg*innen sprechen, die dasselbe oder etwas Ähnliches machen wie meine Gesprächspartnerin/mein Gesprächspartner, mögliche Gegner*innen oder Kontrahent*innen befragen.
- ☐ Lieber viele Fragen zu wenigen Themen überlegen als andersherum.
- ☐ Den Fragenkatalog um Zahlen, Zitate, Fakten ergänzen, damit wir – gerade in kontroversen Interviews – sattelfest bleiben.
- ☐ Abwechseln zwischen möglichst unterschiedlichen Tonarten, Lautstärken und sprachlichen Fragevarianten.

- ☐ Taktikplan für das Interview entwickeln: Wo könnte es heikel werden? Mit welchen Antworten ist zu rechnen? Mit einem Freund oder einer Kollegin durchsprechen/durchspielen!

Am Tag davor/auf dem Weg zum Interview

- ☐ Ist beiden Seiten klar, wo und wann man sich trifft? Sind die Handynummern ausgetauscht für alle Fälle? Wie lange brauche ich zum Ort des Interviews?
- ☐ Technik testen: Wie lässt sich das Aufnahmegerät ein- und wieder ausschalten? Genügend Batterien (und evtl. Speicherkarten o. Ä.) dabei? In welche Buchse wird das Mikrofon gesteckt?
- ☐ Oder, bei Smartphone-Nutzung: Wie genau geht das Ding an und aus? Akkustand ausreichend? Ladekabel dabei?
- ☐ Vor allem, wenn die Vorbereitung auf das Interview lange vor dem Termin begonnen hat, noch einmal checken: Stimmen Titel, Name, Funktion noch?
- ☐ Kleidung angemessen?
- ☐ Stichworte/Fragen dabei?
- ☐ Evtl.: Geschenk dabei?

Unmittelbar vor dem Interview

- ☐ Wer soll wo sitzen? Blendet auch nicht die Sonne? Nicht zu warm und nicht zu kalt? Stehen Getränke parat? Ist die Sitzposition für alle Beteiligten auch bequem für die Dauer des Interviews?
- ☐ Sind Störgeräusche (Handy, Musik, Kollegen, Klimaanlage, tickende Uhr etc.) ab- oder so leise wie möglich gestellt?
- ☐ Durchatmen! Sich vornehmen, ein höflicher, aber gleichrangiger Gesprächspartner zu sein, Lampenfieber wegpusten, zur Begrüßung ein fester Händedruck – und auf die Plätze, fertig, los!

Im Gespräch

- ☐ Nachhaken, nachhaken, nachhaken!
- ☐ Die Hoheit über das Gespräch nicht aus der Hand geben.
- ☐ Abwechseln zwischen Nähe/Einfühlung/Verstehen und Distanz/Konfrontation/Provokation. Langweilige(s) Fragen ergibt langweilige Antworten.
- ☐ Augenkontakt halten. Arme und Beine immer wieder entkreuzen. Auf die eigene Körpersprache und die des Gegenübers achten.
- ☐ Kurz, knapp, präzise fragen.
- ☐ Nachhaken, nachhaken, nachhaken!
- ☐ Bei Aus- und Abschweifungen höflich, aber bestimmt unterbrechen.
- ☐ Den Fragenkatalog/Stichwortzettel im Blick behalten – und die Uhrzeit: Frage ich die Dinge, die mir wirklich wichtig sind, auch ab?
- ☐ Nachhaken, nachhaken, nachhaken!
- ☐ Zum Abschluss des Gesprächs: Dankeschön und die Erreichbarkeit für die Autorisierung klären.

Zurück in der Redaktion

- ☐ Lieber selbst abtippen als zum Abtippen geben.
- ☐ Ganzes Gespräch abtippen – dann erst ein Best-of als Grundlage für den Interviewtext erstellen.
- ☐ Erst Themenblöcke herausstreichen, dann einzelne Frage-/Antwortblöcke, dann erst Satz für Satz redigieren.
- ☐ Beim Redigieren darauf achten: Das Interview – vor allem zur Person – sollte sich so gesprochen wie möglich anhören, aber das Gegenüber nicht mit seinen Fehlern blamieren.
- ☐ Im Interviewtext auf Wechsel achten: Tempo, Themen, ernst-heiter, reflektierend-anekdotisch.

- ☐ Starke Einstiegsfrage suchen, die möglichst auch die uninteressierten Leser*innen ins Boot holt. Zum Abschluss eine Pointe setzen oder einen Bogen zum Anfang schlagen.
- ☐ Auch „Garnituren" wie Infokasten, Zwischenzitate, Motto, Bildunterschriften liebevoll formulieren und als Leseanreize nutzen.

Bei der Autorisierung

- ☐ Der „Gegenpartei" nur den Interviewtext schicken, auf keinen Fall Layout, Bildunterschriften, Überschrift etc. Am besten per Fax oder PDF – Word-Dateien laden zum Herumdoktern ein.
- ☐ Etwas mehr Material autorisieren lassen als gebraucht wird – das schafft Manövriermasse.
- ☐ Änderungswünsche nicht widerspruchslos hinnehmen – Autorisierung ist Verhandlungssache.
- ☐ Beim Autorisierungsgeschacher immer professionell argumentieren („Den Begriff verstehen unsere Leser*innen nicht", „Das ist für unsere Zielgruppe aber besonders interessant" etc.).
- ☐ Bei zu starken Eingriffswünschen: drohen mit Kürzung oder Kippen des Interviews zugunsten eines – dann nicht autorisierten – Porträts.
- ☐ Autorisierung nutzen, um biografische Details etc. zu überprüfen.
- ☐ Wenn nicht explizit anders vereinbart, dann sind auch nach der Autorisierung geringfügige redaktionelle Änderungen – die also nicht den Sinn entstellen – üblich und gestattet.

Für Radio-/TV-Interviewer*innen

- ☐ Überprüfen: Stimmt zum Aufzeichnungszeitpunkt das Licht? Sind Störgeräusche auszuschließen? Ist meine Kleidung und die der Gesprächspartnerin/des Gesprächspartners TV-tauglich?
- ☐ Fragen in kurzen Stichworten notieren.
- ☐ Im Vorgespräch Titel, Name, Funktion klären.
- ☐ Dem Gegenüber eventuelles Lampenfieber nehmen, Einstiegsfrage abstimmen – aber nicht schon das inhaltliche Pulver verschießen!
- ☐ Im Gespräch kurze, klare Fragen.
- ☐ Themenwechsel für die Zuschauer*innen/Zuhörer*innen klarmachen.
- ☐ Wenn unterbrechen, dann behutsam und höflich.

Nacharbeit

- ☐ Wenn das Interview erschienen ist, Beleg(e) samt Dankeschön verschicken.
- ☐ Noch mal reinhören: Waren die Fragen kurz und knapp? Waren es die richtigen Fragen? Einzelfragen statt Mehrfachfragen gestellt? Gut genug zugehört, gut genug nachgefragt?
- ☐ Beim nächsten Mal noch besser machen!

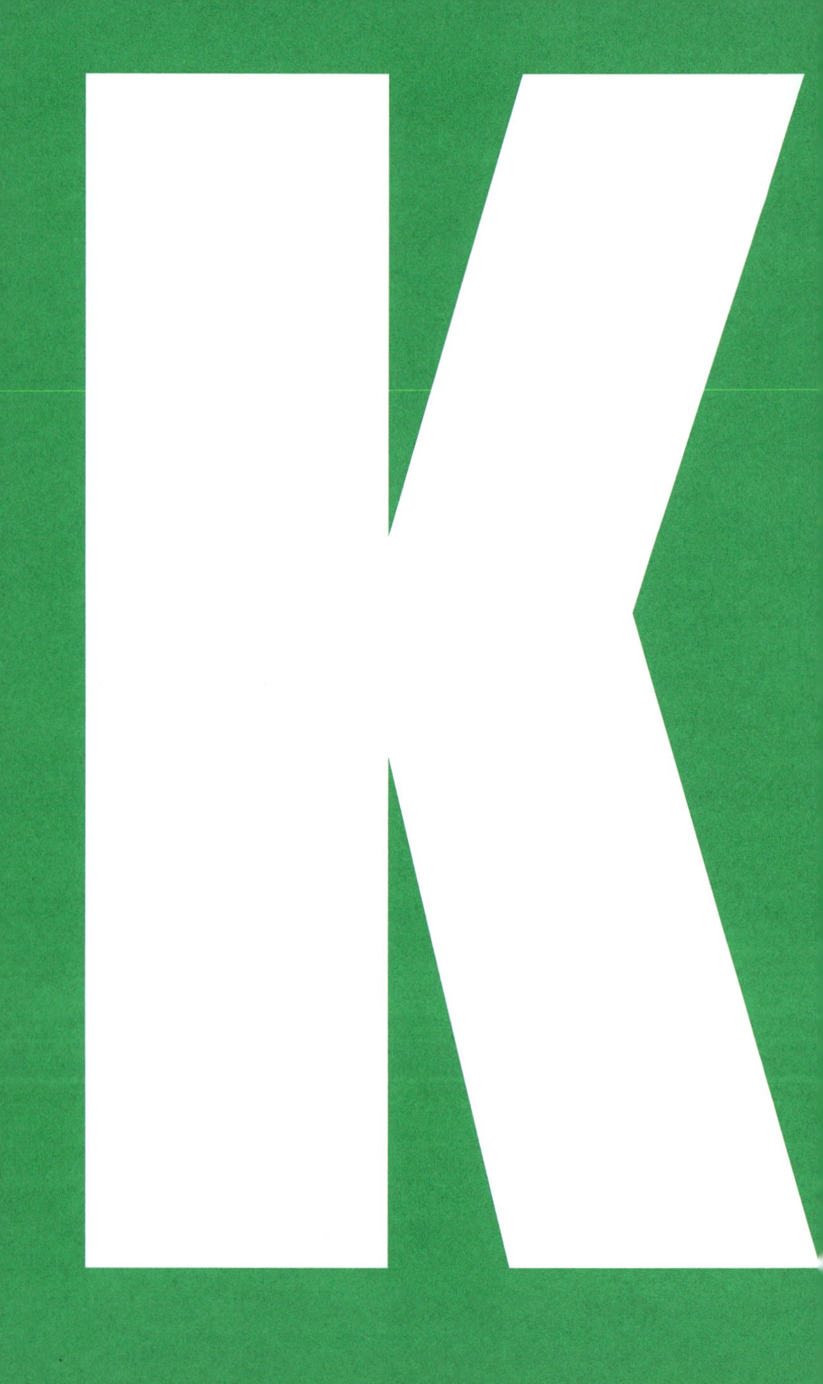

FÜR PODCASTS INTERVIEWEN: TIPPS FÜR FRAGER*INNEN UND GEFRAGTE

Dazulernen. Unterhalten werden. Die Zeit vertreiben – beim Gassigehen, im Gym, beim Bügeln: Das sind einige der Gründe, warum immer mehr Menschen Podcasts hören.

Kundinnen oder Mitarbeiter binden. Irgendetwas verkaufen. Sich selbst zuhören: Das sind einige der Gründe, warum immer mehr Menschen Podcasts machen. In und für Organisationen oder selbstständig, aus beruflichen Gründen oder aus privater Leidenschaft.

Das Interview ist eine gern genommene Form im Podcast. Ich leihe mir Expertise und Reichweite, ich kann Kund*innen promoten oder, oder, oder, das sind mögliche Vorteile von Interviews. Aber mache ich diese Interviews möglichst gut und gelungen? Hier 20 Tipps jeweils für Frager*innen und für Be- und Gefragte:

K1 INTERVIEWS FÜHREN IM PODCAST: EIN PAAR TIPPS

Hier einige Anregungen und hoffentlich hilfreiche Fragen, um Podcast-Interviews besser vorzubereiten, zu führen und nachzubereiten – aus Sicht des Hosts:

Vor dem Interview

- Bereiten Sie sich mindestens in zweierlei Hinsicht auf die zu befragende Person vor: inhaltlich und persönlich. Einerseits wollen Sie ja vermutlich von den Erfahrungen, dem Wissen, der Expertise ihres Interviewgastes profitieren. Dazu werden Sie vielleicht Gastbeiträge, Social-Media-Posts, wissenschaftliche Papers, Interviews o. Ä. von ihr oder ihm lesen und daraus Fragen entwickeln.
- Gleichzeitig ist es gut, wenn Sie – egal ob das in Ihrem Interview eine Rolle spielt oder nicht – ein Bild von der Person haben: Wie spricht sie – schnell, langsam, sehr abstrakt, sehr anschaulich, sehr ernsthaft oder sehr lustig und anekdotisch? Ein kurzes Vorabgespräch per Zoom o. Ä. kann da helfen.
- Ich fahre gut damit, mit sogenannten „Gesprächsleitplanken" in ein Interview zu gehen, sprich: Ich habe mir vorab drei bis fünf Schwerpunktthemen für das Gespräch überlegt, zu denen ich

jeweils einige Fragen notiert habe – teils ausformuliert, teils in Stichworten.

- Geben Sie der/dem Gesprächspartner*in vorab grob Orientierung, worum es gehen, wie lang das Gespräch dauern, wann es wie veröffentlicht werden soll. Ich rate aber, gerade bei wenig erfahrenen Interviewgästen, davon ab, haarklein ausformulierte und abgestimmte Fragenkataloge zu verschicken. Das Ergebnis ist häufig ein minutiös ausformulierter Antwortenkatalog – mit HR, der Hausjuristin und dem Ehepartner abgestimmt, in 8-Punkt-Schrift, von dem dann stotternd und raschelnd abgelesen wird. Ich fahre gut mit Formulierungen wie „Ich möchte gern über X, Y und Z mit Ihnen sprechen, Expert*in sind Sie ja eh dafür, und wir sind auch nicht im Liveinterview der *Tagesthemen*, sprich: Sie können nochmal neu ansetzen, wenn ein Beispiel nicht passt, wir uns verhaspelt haben oder Ähnliches."
- Haben Sie die Technik, die Sie für den Anlass brauchen (passendes Mikro, Aufnahmegerät, Online-Tool etc.)? Falls neue Technik – haben Sie die gecheckt? Ist alles geladen, einsatzbereit etc.?
- Sind die Handys aus/im Flugmodus? Hat jede*r ein Glas zu trinken? Sind alle (potenziellen) Lärmquellen so weit ausgeschaltet, wie sie eben auszuschalten sind (Klimaanlagen, Klingeln, Telefone …)?
- Sitzen Sie bequem? Atmen Sie tief genug? Blendet die Sonne auch nicht zu sehr durchs Fenster? Sorgen Sie in der Hektik vor dem Start für sich, holen Sie ein paar Mal intensiv Luft – und los geht's.

Während des Interviews

- Seien Sie, gerade bei wenig erfahrenen Interviewgästen, gute Gastgeberin bzw. guter Gastgeber: Angenehme Atmosphäre schaffen. Sanft starten. Komplimente machen („Ich bin total happy bis hierher …") – wenn sie ernst gemeint sind. Ermutigen.

- Ich nehme mir gern immer wieder die Zeit, um auf meinen Spickzettel (mittlerweile in einer Handynotiz abgespeichert) zu schauen, ob wir auf dem richtigen Weg sind, ob es Themen gibt, die ich in der vorgegebenen Zeit unbedingt noch streifen will.
- In manchen Gesprächen sind die Umwege die spannendsten – daher halte ich mich nie sklavisch an den Fahrplan, gehen Sie also flexibel mit Ihren Vorbereitungen um.
- Es darf auch mal gedacht werden: Wenn Ihre Gesprächspartnerin/Ihr Gesprächspartner nicht gleich auf jede Frage wie mit der Pistole antwortet, ist das vielleicht ein Anzeichen für gute, inspirierende Fragen – die Sie nicht unbedingt gleich mit vorformulierten Antworten zutexten müssen.
- Wenn Sie mit einer wichtigen Antwort nicht zufrieden sind – vielleicht wird's ja besser mit einer Frage wie „Was heißt das genau" oder „Zum Beispiel?" oder „Wie kann ich mir das konkret vorstellen …".
- Immer wieder einen Blick auf die Technik werfen: noch alles geladen? Zeichnet noch alles auf?

Am Ende des Interviews/danach

- Mir persönlich ist es wichtig, die Zeit meiner Interviewpartnerin/meines Interviewpartners nicht überzustrapazieren – daher achte ich darauf und spreche es an, wenn die vereinbarte Zeit abgelaufen ist („Unsere 50 Minuten sind ja jetzt um. Haben Sie vielleicht noch 10 weitere …?").
- Vielleicht haben Sie ja zwei, drei Standardfragen zum Abschluss, mit denen Sie das Gespräch zu einem guten Ende bringen.
- Gern stelle ich zum Schluss die Frage: „Gibt es noch etwas Wichtiges, was wir noch nicht angesprochen haben?" Typischerweise beobachte ich drei Reaktionen: „Nö, passt eigentlich alles, war eine runde Sache" oder es werden geistig noch mal kurz die Keypoints abgehakt oder es kommt tatsächlich etwas wie „Ja, ein Thema möchte ich noch gern ansprechen, und zwar …".

- Hat das Gerät wirklich aufgezeichnet? Jetzt wäre eine letzte Möglichkeit, nochmal kurz zu checken und ggfs. das Gespräch zu wiederholen (ist mir auch schon passiert – das Wiederholungsinterview dauerte gefühlt halb so lang und war gefühlt doppelt so knackig und gut …).
- Klären Sie, wer Ansprechpartner*in für mögliche Nachfragen, Links in den Shownotes, Fotos für die Social-Media-Kacheln etc. ist.
- Überlegen Sie sich, wie Sie das Interview z. B. auf Social Media so platzieren können, dass möglichst viele etwas davon haben – in Verbindung mit aktuellen Debatten, Jahrestagen oder Ähnlichem.
- Halten Sie mit sich selbst Manöverkritik: Was lief gut, was hat gut geklappt? Und was können Sie für das nächste Interview dazulernen, anders oder besser machen?

K2 INTERVIEWS GEBEN IM PODCAST: 9 ANREGUNGEN

1) Bereiten Sie sich auf Ihre Themen vor: Wenn der Host/die Gastgeberin des Podcasts Fragen oder Leitplanken für das Interview verschickt hat, legen Sie sich ein paar (Betonung liegt auf „ein paar"!) Zahlen, Daten, Fakten, Studienergebnisse zurecht.
2) Bereiten Sie sich auf Quotes vor: Vielleicht gibt es ja eine Anekdote, ein Beispiel, einen guten Spruch, mit dem Sie in wenigen Momenten das eindrucksvoll und nachdrücklich loswerden wollen, was auch in 5 Minuten Vortrag immer noch nicht eindeutig erklärt ist. Überlegen Sie sich: Welche zwei, drei Dinge soll die völlig unkundige Hörerin, der völlig unbeleckte Hörer aus dem Gespräch mitnehmen?
3) Bereiten Sie sich auf die Gastgeberin/den Host vor: Wenn Sie Zeit haben, hören Sie zumindest mal ein, zwei Podcast-Episoden an, um ein Gefühl für Ihre Gesprächspartnerin/Ihren Gesprächspartner zu bekommen. Dann tun Sie sich möglicherweise leichter.
4) Bereiten Sie sich auf Kritisches vor: Gute Interviews sind nicht nur brav und höflich, sondern pieksen oder stacheln auch mal, setzen Kontrast. Wie könnte man Ihren Thesen widersprechen, was könnte man Ihrer Expertise entgegensetzen? Wie wollen Sie darauf antworten – mit welchen Fakten, in welcher Haltung?
5) Bereiten Sie sich auf die Technik vor: Gerade mit neuer oder selten genutzter Technik: Kann Sie jemand unterstützen,

können Sie einen Probelauf machen, damit auch wirklich alles gut funktioniert?

6) Lassen Sie es sich gut gehen vor und während des Interviews. Nochmal eine halbe Stunde durchhalten, während man eigentlich auf die Toilette müsste – keine gute Idee für ein Interview. Essen und trinken Sie vorab das, was Ihnen guttut, machen Sie einen Spaziergang oder Sport – vor allem, wenn das Interview sehr wichtig oder neu für Sie ist.
7) Eigenwerbung in Maßen: Wenn Sie einen neuen Kurs, ein neues Buch, eine neue Matratzentechnologie oder was auch immer zu verkaufen haben: Tragen Sie nicht zu dick auf. Erwähnen Sie, was Sie erwähnen wollen, aber zu werbliches Auftreten kann oft den gegenteiligen Effekt haben.
8) Wenn Sie wieder eingeladen werden wollen: Bedanken Sie sich für das überaus interessante und tiefgründige Gespräch (sowas kommt ja tatsächlich vor) – am besten gleich auf Social Media mit und vor allen Ihren Follower*innen!
9) Betreiben Sie Manöverkritik: Wenn Sie das Interview nach Veröffentlichung durchhören: Was lief gut und verständlich, was könnten Sie beim nächsten Mal besser, einfacher, schlanker, prägnanter formulieren?

ANHANG

X1 LITERATUR

- Adams, Sally; Wynford Hicks: *Interviewing for Journalists.* London, New York 2001

Quadratisch, pragmatisch, britisch – gut!

- Bölke, Dorothee: *Presserecht für Journalisten. Freiheit und Grenzen der Wort- und Bildberichterstattung.* München 2005

*Wer wissen will, was man als Journalist*in eigentlich darf und nicht darf – hier steht es, und zwar les- und verstehbar.*

- Britten, Uwe: *Interviews planen, durchführen, verschriftlichen. Ein Arbeitsbuch.* Bamberg 2002

Sehr praxisorientiert, sollte in jeder Redaktion im Regal stehen. Und gelesen werden.

- Dax, Max: *Dreißig Gespräche.* Frankfurt 2008

Wir erfahren hier, dass Helge Schneider aus Angst um seine Orgel nie nach New York ging und Miles Davis auch im Smoking kochen konnte: sanft geführte, sehr ehrliche, schlaue Interviews mit Musikern und anderen Kulturgrößen.

- Deutscher Journalisten-Verband (Hrsg.): *Leitlinien für Interview-Autorisierung.* Berlin 2010. www.djv.de

Gute Anregungen für das Nervigste am Interviewen überhaupt!

- Egli von Matt, Sylvia; Hanspeter Gschwend; Hans-Peter Peschke; Paul Riniker: *Das Porträt.* Konstanz 2008

Viele gute An- und Einsichten über die wichtigste journalistische Nachbargattung.

- Friedrichs, Jürgen; Ulrich Schwinges: *Das journalistische Interview.* Wiesbaden 2005

*Obwohl ziemlich fernsehlastig, auch lesenswert für Printinterviewer*innen.*

- Gorkow, Alexander: *Draußen scheint die Sonne.* Köln 2008

Ein tiefgründiges Gespräch mit dem wichtigsten Barmann Deutschlands – und anderen nicht minder bedeutsamen Figuren.

- Haller, Michael: *Das Interview. Ein Handbuch für Journalisten.* Konstanz 2001

Viel Geschichte und Theorie – eine Fundgrube!

- Häusermann, Jürg; Heiner Käppeli: *Rhetorik für Radio und Fernsehen. Regeln und Beispiele für mediengerechtes Schreiben, Sprechen, Informieren, Kommentieren, Interviewen, Moderieren, Reportieren.* Aarau, Frankfurt/Main 1994. https://rhet.de/rhetorik-fuer-radio-und-fernsehen/ [7.3.2024]

*Besonders interessant für Radio- und TV-Interviewer*innen.*

- Knill, Markus: *Interview führen – aber wie?* http://www.rhetorik.ch/Interviewtechnik/Interviewtechnik.html [7.3.2024]

Gute Hinweise zur Psychologie des Fragens.

- Linden, Peter: *Wie Texte wirken. Anleitungen zur Analyse journalistischer Sprache.* Berlin 2000

*117 kleine Seiten, die jeden – aber garantiert jeden – Text besser machen. Pflichtlektüre, auch für Interviewer*innen!*

- Luik, Arno: *Wer zum Teufel sind Sie nun?* Köln 2009

Den Sportlern, Politikerinnen und Schriftstellern, die er befragt, geht Luik in seinen Interviews bisweilen ganz schön auf die Nerven – und *den Leser*innen auch. Aber anders wären seine intensiven, intimen und bisweilen schlicht infamen Gespräche auch nur die Hälfte wert.*

- Müller, André: *… über die Fragen hinaus. Gespräche mit Schriftstellern.* München 1998

Interviews am Rande des Wahnsinns.

- Müller-Dofel, Mario: *Interviews führen.* München 2009

Gewagte, aber interessante Thesen zur Charakterisierung von Interviewpartnern.

- Netzwerk Recherche: Interview-Kulturen. Professionelle Interviews als journalistische Qualitätstreiber. In: *nr-Werkstatt*, 13. Wiesbaden 2009. https://netzwerkrecherche.org/wp-content/uploads/2014/07/nr-werkstatt-13-interview-kulturen.pdf

Ergebnis einer Tagung von Interviewprofis; viel zu Talkshow und Interviews in elektronischen Medien, eine Fundgrube an Checklisten zur Vorbereitung.

- Roche, Charlotte in „Fast Forward" auf youtube.com

Wie man als knapp 20-Jährige Madonna, Robbie Williams und allen anderen den Schneid abkauft: Hier lernt man's!

- Schmidt, Helmut; Giovanni di Lorenzo: *Auf eine Zigarette mit Helmut Schmidt.* Köln 2009

Immer derselbe Gesprächspartner. Immer auf eine Zigarettenlänge. Immer eine Seite Platz. Und doch nie langweilig: bescheiden-kluge Interviews. Man liest eines, noch eines und noch eines – bis das Buch zu Ende ist.

- Schulz von Thun, Friedemann: *Miteinander Reden. 1. Störungen und Klärungen.* Reinbek 2013

Sehr grundsätzlich, aber sehr anschaulich zu Kommunikation.

- Stephanopoulos, George: *All Too Human*. London 2000

Medienarbeit, von der anderen Seite des Schreibtisches aus betrachtet. Hier lernt man, wie man ein Interview mit dem US-Präsidenten bekommt. Und wie man es dann besser nicht führt.

- Terkel, Studs: *Gespräche um Leben und Tod*. München 2002

Bewegende Protokolle von Gesprächen, die der Pulitzer-Preisträger mit kleinen Leuten über die ganz großen Fragen geführt hat.

- Terkel, Studs: *Studs Meets Music*. München 2006

Terkel lässt sich von Bob Dylan erklären, wie er auf A Hard Rain's Gonna Fall *kam. Und von Alfred Brendel, warum Schubert wieder gehört gehört. Wissend, doch nie besserwisserisch.*

- Thiele, Christian: Das Interview II. Gute Gespräche. Die Kunst des Interviews. In: *Journalisten-Werkstatt „Medium-Magazin"*, 2008

Eigenlob stinkt eigentlich – aber nur eigentlich …

- Troller, Georg Stefan: Die Kunst des Interviews. In: *Lettre International*, 82, Herbst 2008

Ein kluger Aufsatz, aus dem man mehr lernt als aus so manchem Buch.

- Uslar, Moritz von: *100 Fragen an …* Köln 2004

Wer die Gespräche damals Woche für Woche gelesen hat, fand sie einfach nur genial. Wer sie jetzt, mit Abstand, liest, merkt: Das war die letzte große Erfindung im deutschen Journalismus.

X2 INDEX

DIESE BÜCHER KÖNNTEN IHNEN AUCH GEFALLEN ...

Sprechen und Moderieren

in Radio, Fernsehen und Social Media

„Dieses Buch schätze ich seit über zwanzig Jahren. Jetzt ist es noch besser geworden."
René Borbonus

Autoren: Stefan Wachtel, Antje Keil, Clemens Nicol
ISBN 978-3-7445-2007-2

Radio machen

Wer Radio macht, ist Texter, Sprecherin, Reporter, Moderatorin, Interviewer, Technikerin und Journalist. Sandra Müller erklärt mit viel Kompetenz und Erfahrung die ersten Schritte dahin und wie man Anfängerfehler vermeidet.

Autorin: Sandra Müller
ISBN 978-3-7445-2092-8